Bhagya Devanarayana
Samantha Thelijjagoda

Influências na utilização de POS portáteis em hotéis de categoria superior

Bhagya Devanarayana
Samantha Thelijjagoda

Influências na utilização de POS portáteis em hotéis de categoria superior

ScienciaScripts

Imprint
Any brand names and product names mentioned in this book are subject to trademark, brand or patent protection and are trademarks or registered trademarks of their respective holders. The use of brand names, product names, common names, trade names, product descriptions etc. even without a particular marking in this work is in no way to be construed to mean that such names may be regarded as unrestricted in respect of trademark and brand protection legislation and could thus be used by anyone.

Cover image: www.ingimage.com

This book is a translation from the original published under ISBN 978-3-659-83603-9.

Publisher:
Sciencia Scripts
is a trademark of
Dodo Books Indian Ocean Ltd. and OmniScriptum S.R.L publishing group

120 High Road, East Finchley, London, N2 9ED, United Kingdom
Str. Armeneasca 28/1, office 1, Chisinau MD-2012, Republic of Moldova, Europe
Printed at: see last page
ISBN: 978-620-8-28826-6

Resumo

Existe uma enorme concorrência entre os hotéis/restaurantes de categoria superior no Sri Lanka. A adoção e utilização de sistemas de ponto de venda (POS) pode oferecer vantagens importantes a estes hotéis/restaurantes. A próxima geração da indústria de POS são os sistemas POS portáteis.

Este estudo investiga as variáveis da adoção do sistema POS portátil utilizando um modelo concetual baseado nas teorias de adoção existentes. Com base nas teorias UTAUT, DOI e TOE da literatura sobre adoção tecnológica, este estudo desenvolve um modelo integrado de adoção de um sistema POS portátil em hotéis/restaurantes de primeira classe no contexto do Sri Lanka. O modelo especifica variáveis contextuais, como as caraterísticas individuais dos trabalhadores, as caraterísticas organizacionais e a tecnologia, como principais determinantes da adoção de um sistema POS portátil em hotéis/restaurantes de luxo no Sri Lanka.

O inquérito foi realizado junto de empregados que trabalhavam em hotéis/restaurantes de primeira classe na província ocidental do Sri Lanka, para responder à questão de saber quais são os factores determinantes mais importantes para a adoção de um sistema POS portátil. A relevância prática reside no facto de os resultados poderem ajudar a melhorar a adoção de sistemas POS portáteis e de estes resultados sugerirem oportunidades para melhorar a interface do utilizador com a tecnologia POS, a fim de obter os benefícios da nova tecnologia.

Índice

Capítulo 1

Introdução

1.1: Antecedentes do estudo

Um dos maiores investimentos em tecnologia empresarial que a maioria dos proprietários de restaurantes faz é um sistema de ponto de venda. O ponto de venda, ou POS como é mais comummente abreviado, refere-se à captura de dados e informações de pagamento do cliente num local físico quando os bens ou serviços são comprados e vendidos. A transação POS é capturada utilizando uma variedade de dispositivos que incluem computadores, caixas registadoras, leitores ópticos e de códigos de barras, leitores de cartões magnéticos ou qualquer combinação destes dispositivos. Um sistema POS para um restaurante, por exemplo, é suscetível de ter todos os itens do menu armazenados numa base de dados que pode ser consultada para obter informações de várias formas.

O relatório anual de tendências de software de POS da Hospitality Technology (Dorothy Creamer, 2014) sondou os operadores de restaurantes sobre os principais factores de negócio que influenciam a tecnologia de ponto de venda e questionou-os sobre a funcionalidade que irão procurar na sua próxima atualização de POS. Também pedem à comunidade de fornecedores de software de POS para revelar os seus planos para 2014.

A Figura 1.1 mostra que os resultados indicam, de forma esmagadora, que os operadores e fornecedores de restaurantes estão a concentrar-se em estratégias de POS móveis e procuram acrescentar ao seu repertório tudo, desde o pagamento móvel até à encomenda por tablet.

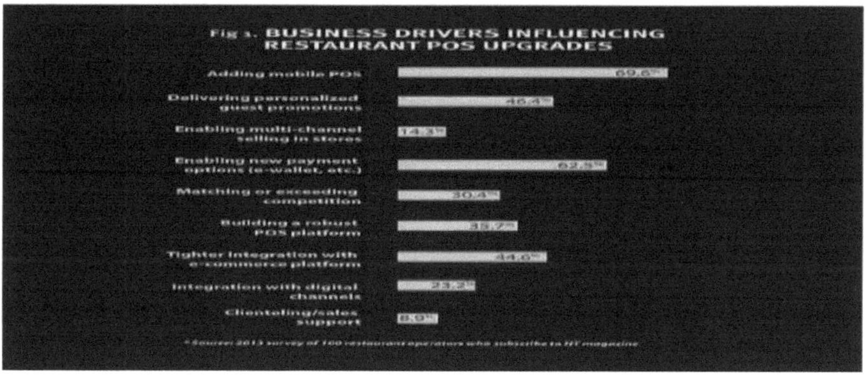

Figura 1.1 Inquéritos de 2013 entre 100 operadores de restaurantes que assinam a revista HT (Hospitality Technology)

A figura 1.2 mostra o resultado do inquérito de 2013 do relatório Nelson, que descreve as remessas de terminais POS por região. De acordo com o relatório Nelson de 2013, a utilização de aplicações/dispositivos de ponto de venda está generalizada nas regiões da Europa e da Ásia-Pacífico.

Com o aumento dos custos da alimentação e da mão de obra e o aumento da concorrência, muitos restaurantes estão a manifestar interesse nos dispositivos portáteis para melhorar o serviço, reduzir os custos, aumentar a eficiência e aumentar as receitas. Estes são factores económicos semelhantes aos que levaram à adoção desta tecnologia na Europa e na Austrália (Chris Williams, 2008).

Figure 1.2 2013 the Nelson Report

Um sistema POS para um restaurante, por exemplo, é suscetível de ter todos os itens do menu armazenados numa base de dados que pode ser consultada para obter informações de várias formas.

Os sistemas de ponto de venda revolucionaram a indústria da restauração, particularmente no sector da comida rápida. Nas tecnologias mais recentes, as registadoras são computadores, por vezes com ecrãs tácteis. As caixas registadoras estão ligadas a um servidor, frequentemente designado por "controlador de loja" ou "unidade de controlo central". As impressoras e os monitores também se encontram na rede. Além disso, os servidores remotos podem ligar-se a redes de lojas e monitorizar as vendas e outros dados da loja.

O software típico de POS de restaurante é capaz de criar e imprimir cheques de clientes, imprimir encomendas para cozinhas e bares para preparação, processar cartões de crédito e outros cartões de pagamento e executar relatórios. Além disso, alguns sistemas implementam pagers sem fios e dispositivos de captura de assinaturas electrónicas.

No sector da restauração rápida, os expositores podem estar situados no balcão da frente, ou configurados para a caixa e a receção de pedidos através de drive-through ou walk-through. As caixas registadoras de balcão recebem e servem as encomendas no mesmo terminal, enquanto as caixas registadoras de drive-through permitem que as encomendas sejam recebidas numa ou mais janelas de drive-through, para serem descontadas e servidas noutra.

Para além das caixas registadoras, são utilizados ecrãs de drive-through e de cozinha para visualizar as encomendas. Quando os pedidos aparecem, podem ser apagados ou recuperados através da interface tátil ou de barras de impacto. Os sistemas drive-through são frequentemente melhorados pela utilização de intercomunicadores sem fios (ou auriculares) drive-through. A eficiência destes sistemas diminuiu os tempos de serviço e aumentou a eficiência dos pedidos.

Mais do que uma simples caixa registadora, os actuais sistemas POS portáteis são ferramentas de gestão sofisticadas que podem simplificar as operações do restaurante e ajudar a gerir muitas áreas do negócio. Os sistemas POS portáteis sem fios são uma versão portátil de um sistema POS que é definido como o momento e o local em que é efectuada uma transação. Os eventos do sistema POS portátil, tais como a receção de encomendas de alimentos e o processo de inventário/encomenda.

1.2: Área de estudo

A amostragem é o processo de seleção de um número suficiente de elementos de uma população. A amostragem é efectuada para compreender e depois generalizar as propriedades/caraterísticas da população. Com base nos agrupamentos geográficos, o investigador pode fazer a amostragem por área e, em seguida, o utilizador de dispositivos portáteis (empregado), o gestor, o gestor de TI Os hotéis/restaurantes de classe de estrelas são a população-alvo desta investigação. Existem hotéis/restaurantes de uma a cinco estrelas. A maior parte destes hotéis/restaurantes de classe de estrelas encontra-se nas zonas de Colombo e Negombo, situadas na província ocidental.

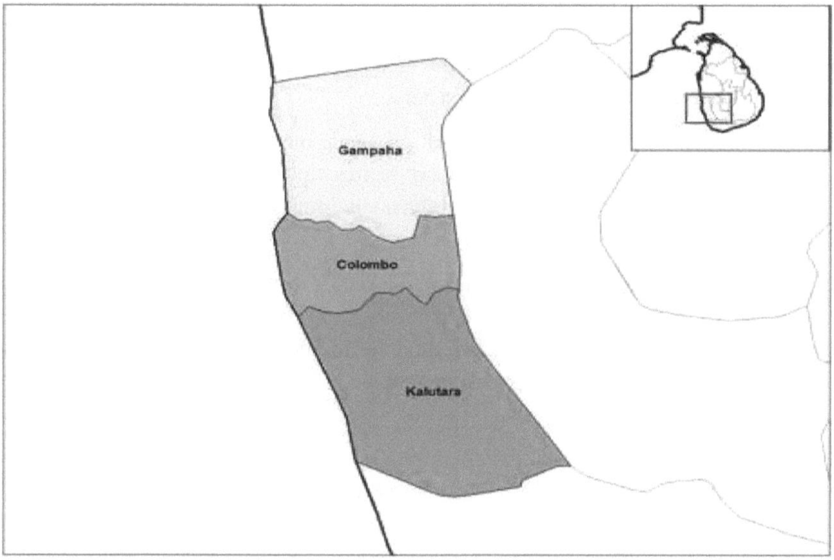

Figura 1.3 Mapa distrital da província ocidental do Sri Lanka

A figura 1.3 mostra a província ocidental, que é uma das nove províncias do Sri Lanca e constitui a divisão administrativa de primeiro nível do país (wiki). A província ocidental está dividida em três distritos: distrito de Colombo, distrito de Gampaha e distrito de Kalutara. As províncias existem desde o século XIX, mas não tinham qualquer estatuto jurídico até 1987, altura em que a 13.ª Emenda à Constituição do Sri Lanka criou os conselhos. A província é a mais densamente povoada do país e alberga a capital legislativa, Sri Jayewardenepura Kotte, bem como Colombo, o centro administrativo e de negócios da nação. A província ocidental está situada no sudoeste do Sri Lanka. A província está rodeada pelo Mar Laccadive a oeste, pela Província do Noroeste a norte, pela Província de Sabaragamuwa a leste e pela Província do Sul a sul.

1.3: Estrutura da dissertação

O primeiro capítulo do presente documento descreve a tecnologia POS portátil como tema quente, os antecedentes da investigação e o mapa do local de estudo com os antecedentes da província ocidental. Neste capítulo, são descritas as principais questões e subquestões de investigação, bem como o objetivo principal e os subobjectivos.

O segundo capítulo centra-se principalmente na análise da literatura. Apresenta uma breve panorâmica sobre a tecnologia de ponto de venda portátil e a história da tecnologia de ponto de venda. A literatura primária sobre os modelos de adoção de tecnologia e as teorias que podem ser associadas a esta investigação são discutidas como subsecções na secção do ciclo de vida da adoção de tecnologia.

Os pormenores da amostra, as técnicas utilizadas para a recolha de dados, a fonte de dados e a conceção da investigação são descritos no capítulo três. Este capítulo apresenta uma breve introdução à natureza específica desta investigação e às caraterísticas espaciais e temporais dos dados utilizados. O investigador discute os métodos utilizados para a recolha/análise de dados e as hipóteses derivadas da literatura existente.

O capítulo quatro discutiu brevemente o nível dos tipos de medição de dados e os resultados dos dados recolhidos através da implementação de três tipos diferentes de métodos. Esta secção destaca os principais resultados e sublinha a sua importância em relação ao objetivo geral da dissertação.

No capítulo 5, o investigador comparou a análise dos dados desta investigação com o mesmo tipo de investigações existentes que foram identificadas na literatura. O investigador discutiu os resultados em pormenor e, em particular, a comparação dos resultados dos testes de análise dos dados da investigação utilizando diferentes métodos de análise de dados no contexto do objetivo original do estudo.

Ao utilizar o Capítulo 6, o investigador limitou-se a abordar o objetivo original da investigação/questão de investigação no contexto dos resultados desta investigação e apresentou algumas conclusões finais e recomendações para estudos futuros.

As grandes tabelas de dados em bruto e o modelo de questionário de investigação foram colocados em apêndice no final e referenciados em conformidade.

1.4: Finalidade e objectivos

O procedimento básico de anotação de pedidos num restaurante tradicional que utiliza um sistema de terminal POS fixo é o "pen and pad". Nos últimos anos, os sistemas POS portáteis têm merecido uma atenção crescente no sector da hotelaria. Em geral, os estudos anteriores analisaram o estado atual dos sistemas POS portáteis no mercado da restauração dos EUA (Chris Williams, 2008) e os factores determinantes da adoção dos POS nos Países Baixos (Plomp et al., 2011).

As limitações óbvias das investigações anteriores (Plomp et al., 2011) são o facto de o modelo ser aplicado a pequenos retalhistas (embora com muitos ramos diferentes) e apenas um número limitado de casos. Segundo o investigador, seria ainda interessante verificar se os mesmos resultados seriam encontrados noutros países, noutros sectores e noutras tecnologias diferentes (Plomp et al., 2011).

Uma tecnologia diferente é quase uma necessidade quando se começa a olhar para outros sectores, porque, para além da indústria retalhista, os sistemas POS são utilizados nos mercados da hotelaria e da restauração.

O Sri Lanka tem um sector turístico em expansão. Desde que se tornou independente dos britânicos em 1947, o Sri Lanka tem conseguido atrair investidores e turistas estrangeiros para a ilha. A localização significativa do país também lhe permite atrair visitantes em trânsito para a ilha. Os restaurantes e hotéis são normalmente avaliados de forma independente, com base nas instalações oferecidas, sendo que uma classificação por estrelas mais elevada indica mais luxo. As classificações podem basear-se numa escala de uma a cinco estrelas em cada categoria de alojamento turístico classificado, sendo os hotéis de cinco estrelas os mais eficientes. No entanto, há também estudos em que não se encontrou um fator determinante para a adoção de um sistema POS portátil para restaurantes nos restaurantes de classe de estrelas do Sri Lanka.

Com esta investigação, o investigador investiga a forma como as teorias existentes podem ser aplicadas para compreender a adoção de POS portáteis em restaurantes no contexto local.

Questão principal:

Como encontrar a influência das atitudes dos empregados, do contexto organizacional e tecnológico na utilização prática do ponto de venda portátil em hotéis/restaurantes de classe de estrelas

Subquestões:

- Quais são as principais influências que determinam a decisão dos hotéis/restaurantes de adoptarem os POS portáteis?

- Que influências (variáveis) podem ser encontradas para a adoção do sistema POS portátil na prática em hotéis/restaurantes de classe de estrelas do Sri Lanka?

- Como enfrentar os desafios da adoção de sistemas POS portáteis nos hotéis/restaurantes de primeira classe do Sri Lanka?

Objetivo principal:

Propor/Definir um modelo para descobrir as influências da adoção de um sistema POS portátil nos restaurantes de classe estrela do Sri Lanka.

Sub-objectivos:

-Determinar os objectivos da utilização de sistemas POS portáteis e descobrir as taxas globais de adoção dos POS.

- Descobrir os factores que influenciam a adoção dos POS portáteis.

-Analisar os modelos de tecnologia/SI disponíveis (TAM1 / TAM2 / UTAUT / DOI / TOM)

- Identificar os factores determinantes da adoção de POS portáteis no contexto do Sri Lanka e introduzir um modelo.

- Avaliar o modelo derivado para analisar se os factores determinantes da adoção do sistema POS portátil podem ser encontrados na prática em restaurantes de classe de estrelas do Sri Lanka.

Capítulo 2

Revisão da literatura

2.1: Introdução

Com a tecnologia POS móvel, os empregados podem transportar dispositivos móveis para a mesa. Isto permite a comunicação instantânea entre a mesa e a cozinha e pode até permitir a aceitação de pagamentos à mesa, uma vez que o cartão de crédito permanece sempre à vista do cliente.

As operações de restaurantes móveis beneficiam particularmente da tecnologia POS móvel. Os food trucks, pop-ups e outros restaurantes não tradicionais necessitam de um sistema de transação e de um leitor de cartões que os acompanhe. Uma vez que estes tipos de restaurantes funcionam frequentemente em espaços apertados e com orçamentos limitados, a implementação de um sistema POS completo pode ser dispendiosa e complicada.

De acordo com o novo relatório de mercado publicado pela Transparency Market research "Point of sale (POS) Terminals Market -Global Industry Analysis, Size, Share, Growth, Trends and Forecast, 2014-2020", o mercado global de terminais POS, em termos de receita, foi avaliado em US $ 36,86 bilhões em 2013 e estima-se que cresça a CAGR de 11,6% durante o período de previsão de 2014-2020. A adoção de POS sem fios e móveis aumentou significativamente nos últimos anos devido ao caso de utilização, mobilidade e menor custo de propriedade em comparação com os terminais POS tradicionais.

2.2: Antecedentes dos POS portáteis

O sistema abrangente de ponto de venda para restaurantes permite aos restaurantes gerir ambientes complexos de empregados, monitorizar os níveis de inventário, simplificar os processos de encomenda e receção, aumentar a rentabilidade da operação com ferramentas personalizáveis de relatório e análise, comparar as condições operacionais com as normas estabelecidas, criar listas de espera e reservas e implementar programas de cartões de oferta e de fidelização para os clientes.

Por mais surpreendente que possa parecer, os sistemas portáteis de encomendas existem há mais de 20 anos. O primeiro sistema portátil que surgiu no mercado utilizava teclados numéricos para introduzir os códigos PLU dos artigos e transmissores/receptores de infravermelhos para retransmitir a informação entre os dispositivos portáteis e o sistema de ponto de venda (POS) (Chris Williams, 2008).

Assim que a tecnologia sem fios foi considerada um meio de transporte eficaz, foram adicionados à mistura um transmissor e um recetor de infravermelhos. "Os problemas inerentes à linha de visão e às limitações de distância revelaram rapidamente os pontos fracos dos infravermelhos no processo de registo de encomendas. Outros problemas relacionados com o tamanho, peso, duração da bateria, legibilidade, funcionalidade e tempo de formação foram alvo de muitas críticas. Surgiram produtos mais adequados e eficazes à medida que a transmissão por radiofrequência era vista como uma plataforma viável, combinada com os avanços no design dos PC de bolso" (Kasavana, 2005).

Os sistemas POS sem fios portáteis são uma versão portátil de um sistema POS, que é definido como o momento e o local em que é efectuada uma transação. Os sistemas informáticos de ponto de venda incluem: caixas registadoras, scanners ópticos, leitores de cartões magnéticos e terminais especiais.

Os sistemas POS sem fios portáteis utilizados na hotelaria, mais especificamente no serviço alimentar, incluem eventos como a receção de encomendas de alimentos e o processo de inventário/encomenda. Os clientes são a razão de ser dos restaurantes, e o tempo poupado com a utilização de um dispositivo portátil (em vez de esperar na fila para fazer um pedido num sistema POS tradicional que demora em média mais de quatro minutos por pedido) pode ser utilizado para servir melhor os clientes. Esses quatro minutos também levam a que as bebidas e as refeições fiquem prontas mais rapidamente e, ao longo de uma noite, esses minutos equivalem a uma maior rotação das mesas e a mais lucros. São estes benefícios que conduzem à poupança de custos e ao retorno do investimento na compra de um sistema POS portátil.

Atualmente, existem duas formas de conceção de POS portáteis. São elas a perfuração por ecrã tátil e o reconhecimento de escrita. A maioria das unidades POS portáteis no mercado são dispositivos de perfuração com ecrã tátil destinados a ser representações em miniatura do terminal POS fixo que substituem.

Um dispositivo portátil sem fios pode ajudar a reduzir muitos dos potenciais erros ou omissões associados a um sistema de terminal POS de dupla entrada.

Os dispositivos portáteis de ponto de venda (POS) são mais versáteis do que os actuais sistemas de ponto de venda baseados em PC, proporcionando uma maior variedade de funções e permitindo a conetividade sem fios à rede. Um desenvolvimento recente da tecnologia POS portátil permite apresentar, imprimir e liquidar os cheques dos clientes na mesa.

Ao mobilizar todo o processo de liquidação, incluindo a passagem do cartão de crédito e a aprovação da conta sem fios através de um dispositivo POS portátil, os clientes ganham uma maior sensação de segurança. Os empregados já não precisam de sair da mesa com o cartão de crédito de um cliente, uma vez que agora todo o processamento e reconciliação de contas é feito à vista do cliente. Os utilizadores podem adquirir software de POS que permite que as vendas sejam concluídas utilizando telemóveis Android e tablets Windows.

Seguem-se os dispositivos POS portáteis mais utilizados no sector da hotelaria e restauração:

- iPad Air
- iPad Mini
- MC40
- Android mTAB
- Android Galaxy

- Nexus Android
- DT 362
- DT430/ MC 40 CE
- Tablet DELL 8"
- Tablet DELL 11"
- Apple IOS

Existem três áreas funcionais principais que são normalmente incluídas na funcionalidade POS portátil do restaurante. Estas três áreas podem, por vezes, ser implementadas de forma independente ou em combinação umas com as outras, dependendo da natureza do restaurante.

Quebra de filas e pré-encomendas

Esta funcionalidade é normalmente necessária e implementada em restaurantes com serviço de balcão ou operações de drive through. A funcionalidade é adequada para ambientes de grande volume em que é destacado pessoal adicional para lidar com um aumento do volume de clientes durante as horas de ponta ao longo do dia.

Gestão de encomendas

Esta funcionalidade está centrada no serviço de mesa e automatiza o processo tradicional de caneta e papel para registar os pedidos dos clientes. A maioria dos restaurantes de serviço à mesa utiliza um processo muito ineficaz em que o empregado regista o pedido em papel e, em seguida, introduz o pedido num terminal POS fixo.

Pagar à mesa

Os restaurantes dos EUA são dos poucos locais onde um consumidor abdica do controlo do seu cartão de crédito para efetuar uma transação a crédito. Com uma maior atenção à segurança, a funcionalidade de pagamento à mesa tornou-se uma área de preocupação para os operadores de restaurantes.

O aumento do custo dos alimentos e da mão de obra e o aumento da concorrência em muitos restaurantes manifestaram interesse nos dispositivos portáteis para melhorar o serviço, a poupança de custos, a eficiência e o aumento das receitas. Estes são factores económicos semelhantes aos que impulsionaram a adoção da tecnologia na Europa e na Austrália.

Historicamente, há cinco razões principais pelas quais os POS portáteis não têm sido mais amplamente adoptados nos EUA (Chris Williams, 2008):

1. Tecnologia
2. Custo
3. Aceitação do pessoal
4. Preocupações com a reação dos hóspedes
5. Falta de sensibilização

As seguintes chaves para o sucesso estão relacionadas com as barreiras tradicionais à adoção acima referidas e foram alargadas para incluir o que se aprendeu com os sucessos mais contemporâneos (Chris Williams, 2008).

Estes são:

1. Tecnologia
2. Formação
3. Pessoal
4. Operações de cozinha
5. Implementação

A compra de um sistema de ponto de venda (POS) pode parecer um incómodo e uma despesa desnecessária, mas a substituição das caixas registadoras antiquadas por dispositivos modernos de ponto de venda traz uma série de benefícios importantes,

Melhorar o serviço ao cliente:

Ninguém gosta de esperar em filas. Com o software POS, o utilizador tem filas mais curtas e instalações de check-out mais rápidas. O utilizador não precisa de uma loja completa ou de uma tonelada de inventário para beneficiar do POS. Todos os pagamentos, multas, receitas e upsells de registos e associações podem ocorrer através do sistema POS.

O utilizador pode personalizar a interface POS:

O software de ponto de venda personalizável satisfaz as necessidades da organização e dos membros da equipa. O utilizador pode configurar uma quantidade ilimitada de botões, criar sub-menus e agrupar e codificar por cores os botões por categoria.

Reduzir os erros de manuseamento de dinheiro:

Os sistemas de ponto de venda que têm a capacidade de processar cartões de crédito ou um crédito numa conta reduzem os erros de manuseamento de dinheiro e permitem cálculos automáticos de impostos sobre as vendas. Os clientes e os membros do pessoal poupam tempo, reduzindo potenciais erros e a necessidade de muito dinheiro em caixa.

Controlar o inventário/fornecedores e cartões de oferta:

Através do software de ponto de venda, o utilizador pode definir códigos de produto universais (UPC) para os produtos e imprimir etiquetas. Criar alertas quando o inventário desce abaixo de um determinado nível e controlar todas as informações de contacto do vendedor num único local. Além disso, é possível gerir e vender cartões de oferta no mesmo local.

Melhorar os relatórios:

Com o sistema POS, os utilizadores podem obter relatórios para obter informações sobre todas as áreas da empresa. A organização pode controlar as receitas por conta GL, utilizador e local e acelerar os levantamentos diários com relatórios de fecho diários. Ao poupar tempo e aumentar a visibilidade dos fluxos de receitas, do utilizador e do local, a gestão pode tomar decisões mais informadas.

Com o advento de novas e versáteis tecnologias, muitos empresários concordam que é altura de mudar. As empresas de todos os sectores estão a adotar uma nova forma de ponto de venda. Um dos dispositivos mais modernos e benéficos no mercado atual para empresas de hotelaria e retalho é o ponto de venda portátil. O desenvolvimento da tecnologia portátil e móvel significa que muitas empresas estão a adotar a mudança e a descobrir que o POS portátil tem muitas vantagens. O investigador seleciona as principais vantagens da tecnologia POS portátil.

Maior mobilidade:

De acordo com a Hospitality Guild (Dorothy Creamer, 2014), os sistemas POS portáteis são particularmente benéficos para as empresas de restauração, uma vez que o pessoal já não precisa de "perder tempo a ir e vir entre a mesa, o terminal e a cozinha". Deixará de haver registo de pedidos em papel e caneta, eliminando o tédio e reduzindo o tempo do pessoal.

Poupança de dinheiro:

O investimento em dispositivos POS portáteis resulta num efeito dominó. Assim que o utilizador começar a utilizar o sistema, verá que o pessoal trabalha mais rapidamente e de forma mais eficiente, pelo que o sistema se pagará a si próprio num instante.

Redução dos tempos de espera:

Os empregados de mesa podem receber e processar os pedidos dos clientes remotamente à mesa, utilizando dispositivos POS portáteis. Isto reduz significativamente o tempo necessário para transmitir um pedido ao pessoal da cozinha. Os clientes recebem a sua comida mais rapidamente da cozinha, proporcionando uma melhor experiência ao cliente, o que irá trazer novos negócios.

Aumento das vendas:

The Hospitality Upgrade (Kasavana, 2005) explica que, como resultado do último benefício, "os empregados podem passar mais tempo numa área de serviço designada, proporcionando um melhor serviço e uma base para upselling, uma vez que os artigos substituíveis proporcionam oportunidades de receitas adicionais". Devido ao facto de o pedido inicial ser processado mais rapidamente, os clientes têm tempo para a sobremesa.

Maximizar o espaço no chão:

Sem a necessidade de uma estação de POS dedicada, o restaurante pode efetivamente utilizar mais espaço para refeições, potencialmente adicionando mais lugares sentados ou oportunidades de merchandising. Com uma organização eficiente, existe a possibilidade de aumentar as vendas.

Aceitar cartões de crédito:

Um potencial estigma dos restaurantes de bairro e dos food trucks é a incapacidade de aceitar pagamentos com cartão de crédito. Mantenha todos os seus clientes satisfeitos com leitores de cartões seguros e práticos, onde quer que esteja.

Ofereça formas fáceis de dar gorjeta:

Quando os clientes estão envolvidos no pagamento através de um dispositivo digital, podem estar mais dispostos a dar uma gorjeta se aparecer um ecrã com os montantes calculados para a gorjeta com o toque de um dedo.

2.3: Ciclo de vida e modelos de adoção de tecnologia

Esta secção analisa diferentes estudos sobre a adoção de sistemas de informação, que foram encontrados através de um estudo (Meta) bibliográfico. A pesquisa bibliográfica centrou-se no ciclo de vida da adaptação à tecnologia, nas teorias e nos modelos relativos à adoção de SI/TI, mais especificamente de sistemas POS/dispositivos portáteis móveis/níveis de empresa.

As teorias mais utilizadas são o modelo de aceitação da tecnologia (TAM) (Davis 1986, Davis 1989, Davis et al. 1989), a teoria do comportamento planeado (TPB) (Ajzen 1985, Ajzen 1991), a teoria unificada da aceitação e utilização da tecnologia (UTAUT) (Venkatesh et al. 2003), DOI (Rogers 1995), e o quadro TOE (Tornatzky e Fleischer, 1990). Os quadros DOI e TOE são os únicos que se situam ao nível da empresa.

2.3.1 Ciclo de vida da adoção

Os indivíduos são vistos como possuindo diferentes graus de vontade de adotar inovações e, assim, observa-se geralmente que a parte da população que adopta uma inovação é aproximadamente distribuída normalmente ao longo do tempo (Rogers, 1995).

A divisão desta distribuição normal em segmentos leva à segregação dos indivíduos nas cinco categorias seguintes de capacidade de inovação individual, dos primeiros aos últimos adoptantes (Rogers, 1995) O processo de inovação nas organizações é muito mais complexo. Geralmente, envolve um certo número de indivíduos, incluindo talvez tanto apoiantes como opositores da nova ideia, cada um dos quais desempenha um papel na decisão sobre a inovação.

-Inovadores

-Adoptantes precoces

-Maioria inicial

-Maioria tardia

-Laggards

2.3.2 Modelo UTAUT

Este modelo de adoção baseia-se em Venkatesh, Morris, Davis e Davis (2003), que analisaram modelos de aceitação da tecnologia, entre os quais o Modelo de Aceitação da Tecnologia (Davis, 1986) e a Teoria do Comportamento Planeado (Ajzen, 1985). Utilizaram elementos de cada modelo para um novo modelo unificado, denominado Modelo da Teoria

Unificada de Aceitação e Utilização da Tecnologia (UTAUT).

O modelo UTAUT concentra-se no comportamento de adoção dos indivíduos. Neste modelo, a expetativa de desempenho, a expetativa de esforço, a influência social e as condições facilitadoras são definidas como determinantes da aceitação e do comportamento de um utilizador.

A expetativa de desempenho está relacionada com o grau em que se espera que a tecnologia melhore o desempenho profissional. A expetativa de esforço diz respeito à facilidade de utilização associada à tecnologia. A influência social é definida como "o grau em que um indivíduo percebe que outros importantes acreditam que ele ou ela deve usar o novo sistema" (Venkatesh et al., 2003). As condições facilitadoras dizem respeito ao grau em que se acredita existir uma infraestrutura de apoio à tecnologia. Além disso, estes quatro construtos são modelados para serem influenciados por quatro moderadores designados por género, idade, experiência e voluntariedade de utilização. A Figura 2.3.1 demonstra os principais construtos da teoria UTAUT.

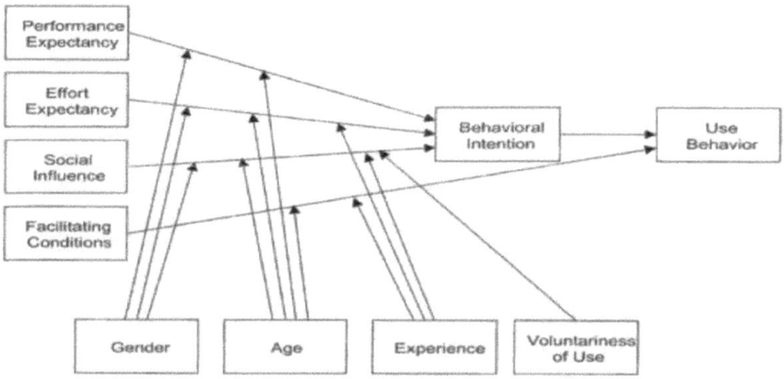

Figura 2.3.1 Modelo UTAUT (Venkatesh et al., 2003)

2.3.3 Teoria DOI

A teoria da difusão das inovações (DOI) (Rogers, 1995) descreve a adoção de inovações ao longo do tempo. A DOI é uma teoria sobre como, porquê e a que ritmo as novas ideias e tecnologias se difundem através das culturas, operando a nível individual e empresarial. A teoria DOI considera que as inovações são comunicadas através de determinados canais ao longo do tempo e num determinado sistema social (Rogers, 1995). Com base na teoria DOI ao nível da empresa (Rogers, 1995), a capacidade de inovação está relacionada com variáveis independentes como as caraterísticas individuais (líder), as caraterísticas estruturais organizacionais internas e as caraterísticas externas da organização. A Figura 2.3.2 demonstra os principais constructos da teoria DOI.

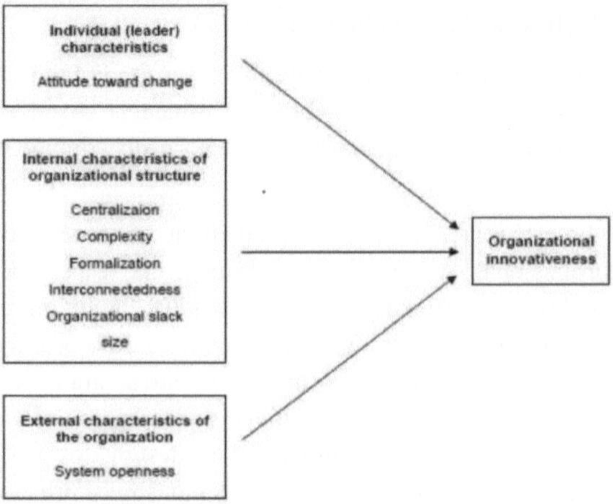

Figura 2.3.2 Teoria da difusão das inovações (DOI) (Rogers, 1995)

Caraterísticas individuais: descrevem a atitude do líder em relação à mudança.

As caraterísticas internas: da estrutura organizacional incluem observações de acordo com Rogers (1995), segundo as quais: "centralização é o grau em que o poder e o controlo num sistema estão concentrados nas mãos de um número relativamente pequeno de indivíduos"; "complexidade é o grau em que os membros de uma organização possuem um nível relativamente elevado de conhecimentos e competências"; "formalização é o grau em que uma organização enfatiza o cumprimento de regras e procedimentos por parte dos seus membros"; "interligação é o grau em que as unidades de um sistema social estão ligadas por redes interpessoais"; "folga organizacional é o grau em que os recursos não comprometidos estão disponíveis para uma organização"; "dimensão é o número de empregados da organização".

Caraterísticas externas: de organização referem-se à abertura do sistema.

2.3.4 Quadro TOE

O quadro TOE (Tornatzky e Fleischer 1990) identifica três aspectos (contexto tecnológico, contexto organizacional e contexto ambiental) do contexto de uma empresa que influenciam o processo pelo qual esta adopta e implementa uma inovação tecnológica.

A Figura 2.3.3 demonstra as construções centrais da estrutura TOE.

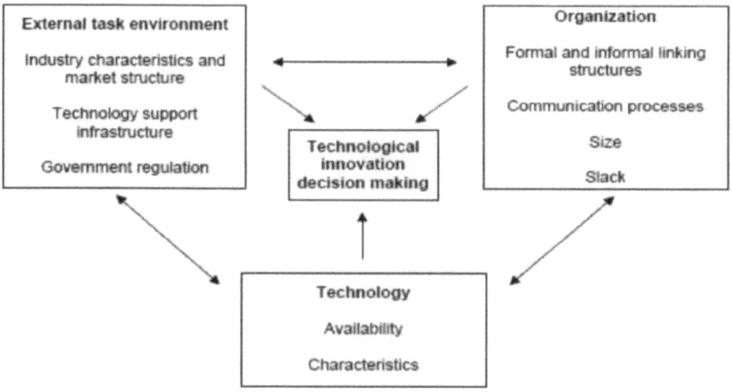

Figura 2.4.3 Quadro TOE (Tornatzky e Fleischer 1990)

Contexto tecnológico: descreve as tecnologias internas e externas relevantes para a empresa. Inclui as práticas e os equipamentos actuais internos à empresa (Starbuck 1976), bem como o conjunto de tecnologias disponíveis externas à empresa (Thompson 1967, Khandwalla 1970, Hage 1980).

Contexto organizacional: refere-se a medidas descritivas sobre a organização, como o âmbito, a dimensão e a estrutura de gestão.

Contexto ambiental: é o espaço em que uma empresa exerce a sua atividade/o seu sector, os seus concorrentes e as suas relações com o governo (Tornatzky e Fleischer 1990).

Capítulo 3

Dados e métodos

3.1: Introdução

Este estudo investiga os factores determinantes da adoção de sistemas POS portáteis utilizando um modelo concetual baseado nas teorias de adoção existentes.

A partir deste modelo concetual, o investigador irá deduzir as hipóteses sobre a forma como estes determinantes influenciam potencialmente a probabilidade de adoção de um sistema de POS.

3.2: Dados utilizados

A recolha de dados é crucial na investigação, uma vez que os dados se destinam a contribuir para uma melhor compreensão de um quadro teórico (Bernard 2002). Dados primários é um termo que designa os dados recolhidos de uma fonte. Os dados recolhidos para esta investigação baseiam-se num questionário escrito dirigido a funcionários, gestores e gestores de TI de hotéis e restaurantes de categoria superior da província ocidental que utilizam sistemas POS portáteis. O investigador recolheu os dados através de entrevistas realizadas a empregados, gestores, gestores de TI em hotéis e restaurantes de categoria superior da província ocidental.

O inquérito foi discutido e adaptado através de várias iterações, após o que foi apresentado para revisão por peritos em tecnologia e sistemas de informação da indústria hoteleira do Sri Lanka. Após a avaliação dos comentários, foi pedido a um empregado de um hotel de classe de estrelas da província ocidental que está a utilizar o sistema POS portátil que preenchesse o questionário como um piloto e o comentasse. Após alguns ajustamentos finais, o questionário foi distribuído.

A população-alvo inclui empregados de nível básico, gestores, gestores de TI em hotéis e restaurantes de classe de estrelas da província ocidental que estão a utilizar sistemas portáteis de ponto de venda. O estudo foi efectuado em 11 casos e foram entrevistadas 33 pessoas. Para realizar o inquérito da forma mais aleatória e prática possível (através de uma amostragem de conveniência, mas controlada e aleatória, cf. Lunsford e Lunsford, 1995), foram visitados pessoalmente hotéis e restaurantes de primeira classe do Sri Lanka na província ocidental. Em todos os casos, o diretor/gerente de TI do hotel/restaurante de primeira classe foi entrevistado pessoalmente. Os empregados de mesa/recepcionistas e o gestor/gerente de TI receberam pessoalmente o questionário, que deveria ser recolhido uma semana mais tarde. Isto significava que o inquérito podia ser apresentado pessoalmente e que o empregado podia indicar diretamente se queria participar.

Além disso, o facto de voltar para recuperar o questionário serve de lembrete para aqueles que ainda não o preencheram. Uma desvantagem prática deste método de distribuição é o facto de consumir muito tempo, especialmente quando são necessárias várias visitas até o questionário estar preenchido. O questionário era composto por três conjuntos de perguntas relacionadas com:

- As caraterísticas pessoais do inquirido
- As caraterísticas organizacionais
- Caraterísticas tecnológicas da organização

3.2.1: Caraterísticas espaciais e temporais

Há duas questões de investigação relacionadas mas distintas. São elas:

1. Quais são as principais influências que determinam a decisão dos hotéis/restaurantes para adotar os POS portáteis?

2. Que influências (variáveis) podem ser encontradas na adoção do sistema POS portátil em prática nos hotéis/restaurantes de classe de estrelas do Sri Lanka?

A primeira questão de investigação prende-se com a questão de saber se os hotéis/restaurantes utilizam ou não sistemas POS portáteis e por que razão o fazem. Com base nas variáveis identificadas na literatura sobre adoção tecnológica, o investigador desenvolveu um modelo concetual para a adoção de sistemas POS portáteis no contexto local.

O modelo concetual consiste principalmente em três áreas que são derivadas dos modelos de adoção existentes, tais como UTAUT, DOI e TOE (Oliveira et al., 2010). Os estudos empíricos combinaram o modelo TOE com a teoria DOI, a teoria institucional e o modelo Iacovou et al. (1995) para diferentes sectores e que o mesmo contexto num modelo teórico específico pode ter diferentes factores. De acordo com as recomendações das investigações anteriores sobre a adoção de tecnologia, "para a adoção de novas tecnologias mais complexas, é importante combinar mais do que um modelo teórico para obter uma melhor compreensão do fenómeno da adoção de TI" (Oliveira et al., 2011).

- Influências individuais dos trabalhadores (UTAUT + DOI)
- Influências organizacionais (DOI + TOE)
- Influências tecnológicas (TOE)

<u>Influências individuais do trabalhador</u>

De acordo com o modelo UTAUT (Venkatesh et al., 2003), as caraterísticas individuais do empregado são cruciais para determinar a atitude de adoção da tecnologia. Nos hotéis/restaurantes de classe de estrelas do Sri Lanka, existe uma forma hierárquica nos empregados, como os caixas/garçons, que são as pessoas diretamente envolvidas com os sistemas de ponto de venda nos hotéis/restaurantes. Isto porque, dependendo das qualidades dos empregados, o estilo de gestão global da empresa pode ser alterado.

As variáveis que se seguem podem ser classificadas como caraterísticas individuais do trabalhador.

- Género
- Idade
- Experiência
- Voluntariedade da utilização

• Literacia informática

Género:

O género é o conjunto de caraterísticas que pertencem à masculinidade e à feminilidade e que as diferenciam.

Idade:

A idade refere-se ao efeito do tempo numa pessoa. A idade pode ser descrita como mais nova, média e velha. Mais jovem significa o período da vida em que se é jovem, ou seja, o período entre a infância e a idade adulta. A meia-idade é o período de idade para além da idade adulta, mas antes do início da velhice. Foram feitas várias tentativas para definir esta idade, que corresponde a cerca do terceiro quarto da duração média da vida dos seres humanos. Nos seres humanos, a fase final da vida normal é definida como velhice.

Experiência:

A experiência humana é a fonte última e a justificação de todo o conhecimento. A própria experiência acumulou-se na memória e na cultura humanas, produzindo gradualmente os métodos de inteligência chamados "razão" e "ciência". Neste caso, o sistema portátil de ponto de venda utiliza a experiência medida pelos anos de utilização.

Voluntariedade da utilização:

A medida em que os potenciais adoptantes consideram que a decisão de adoção não é obrigatória. De acordo com o modelo da Teoria Unificada de Aceitação e Utilização de Tecnologia (UTAUT), a voluntariedade modera o efeito da influência social na intenção de utilização. Para além da influência social, um estudo de meta-análise (Lederer, 2009) concluiu que a voluntariedade também modera os efeitos da facilidade de utilização e da utilidade na intenção de utilizar uma nova tecnologia da informação.

Literacia informática:

A literacia informática é a capacidade de utilizar computadores e tecnologias conexas de forma eficiente, com uma gama de competências que abrange níveis desde a utilização elementar até à programação e à resolução avançada de problemas. A literacia informática pode também referir-se ao nível de conforto que alguém tem na utilização de programas informáticos e outras aplicações associadas aos computadores. Outra componente importante é a compreensão do modo como os computadores funcionam e operam. A literacia informática pode distinguir-se da programação informática, que consiste na conceção e codificação de programas de computador e não na familiaridade e competência na sua utilização. A literacia informática é considerada uma competência muito importante nos países desenvolvidos. Os empregadores querem que os seus trabalhadores tenham conhecimentos básicos de informática, porque as suas empresas estão cada vez mais dependentes dos computadores. Muitas empresas tentam utilizar os computadores e outras tecnologias (dispositivos portáteis) para melhorar a eficiência das suas actividades.

Influências organizacionais

Os hotéis/restaurantes de categoria de estrelas são pré-categorizados de uma a cinco estrelas, de acordo com as instalações e os serviços prestados. Os hotéis/restaurantes de cinco estrelas dispõem de mais recursos e infra-estruturas para as instalações. A literatura sobre inovação tecnológica concluiu que as empresas de maior dimensão dispõem de mais recursos e infra-estruturas para facilitar a adoção de inovações (Dewar, 1986). As pequenas empresas sofrem de uma condição especial comummente designada por pobreza de recursos. A pobreza de recursos resulta de várias condições, como o funcionamento num ambiente altamente competitivo, restrições financeiras, falta de conhecimentos profissionais e suscetibilidade a forças externas.

Devido a estas condições, as pequenas empresas enfrentam muito mais obstáculos à adoção. Investigadores anteriores (Alpar e Reeves, 1990) defendem que, mesmo as pequenas empresas, quanto maior for a empresa, maior será a sua capacidade de contratar pessoas com competências especializadas.

Além disso, parece razoável supor que as empresas de maior dimensão, como os hotéis/restaurantes de cinco estrelas, têm mais potencialidades para utilizar dispositivos portáteis de ponto de venda do que as pequenas empresas, simplesmente devido à sua maior escala de operações.

As variáveis que se seguem podem ser classificadas em Caraterísticas organizacionais.

- Competitividade
- Interligação
- Tamanho
- Compromisso financeiro
- Vantagem relativa

Competitividade

A competitividade diz respeito à capacidade e ao desempenho de uma organização, empresa, subsector ou país para vender e fornecer bens e serviços num determinado mercado, em relação à capacidade e ao desempenho de outras empresas, subsectores ou países no mesmo mercado.

Interligação:

A interligação faz parte da terminologia de uma visão do mundo que vê a unidade em todas as coisas. Um termo semelhante, interdependência, é por vezes utilizado em seu lugar, embora as conotações sejam ligeiramente diferentes. Ambos os termos tendem a referir-se à ideia de que todas as coisas são de uma única substância e realidade subjacente e que não existe uma verdadeira separação mais profunda do que as aparências. Alguns consideram que "interconexão" e termos semelhantes fazem parte de um léxico contemporâneo de misticismo, que se baseia na mesma ideia central de unidade universal.

Tamanho

O tamanho (o número de pessoas envolvidas) é uma caraterística importante dos grupos, organizações e comunidades em que ocorre o comportamento social.

Quando apenas algumas pessoas estão a interagir, acrescentar apenas mais um indivíduo pode fazer uma grande diferença na forma como se relacionam. À medida que uma organização ou comunidade cresce em dimensão, é provável que se depare com pontos de viragem em que a forma como funciona tem de mudar. A complexidade dos grandes grupos deve-se em parte ao facto de serem constituídos por subgrupos inter-relacionados. A dimensão da organização é definida como o número de trabalhadores numa determinada localização geográfica.

Compromisso financeiro

Um compromisso financeiro ocorre quando um indivíduo ou uma entidade assume a responsabilidade de cobrir determinadas despesas. Alguns compromissos financeiros têm uma data de expiração, enquanto outros são contínuos, sem uma data final específica. Os compromissos financeiros são passivos para a parte que promete assumir o custo. As partes que não cumprem estes acordos têm frequentemente de se confrontar com processos judiciais ou outros tipos de acções legais. Quando uma empresa inicia a sua atividade, os proprietários da empresa assumem um compromisso financeiro entre si e com a empresa.

Vantagem relativa

A vantagem relativa é o grau em que um novo produto/tecnologia é mais vantajoso para os clientes do que as marcas concorrentes. A vantagem relativa é o grau de superioridade e atratividade de um produto para os clientes em relação a produtos semelhantes existentes. Uma vantagem competitiva é normalmente conseguida através da oferta de maior valor aos consumidores.

Perspetiva tecnológica

O contexto tecnológico descreve as tecnologias internas e externas relevantes para o sector da hotelaria/restauração. Inclui as práticas e o equipamento actuais internos à empresa (Starbuck 1976), bem como o conjunto de tecnologias disponíveis externas à empresa (Thompson 1967, Khandwalla 1970, Hage 1980). A preparação para a tecnologia, o apoio da tecnologia e a disponibilidade da infraestrutura de TI podem ser descritos através do contexto tecnológico.

As variáveis que se seguem podem ser classificadas como tecnologia.

- Disponibilidade de infra-estruturas informáticas
- Integração tecnológica
- Disponibilidade de recursos técnicos
- Sensibilização para a tecnologia
- Custo da tecnologia
- Complexidade
- Capacidade de julgamento

Disponibilidade de infra-estruturas informáticas

O termo infraestrutura de TI é definido numa norma designada Information Technology Infrastructure Library (ITIL) v3 como um conjunto combinado de hardware, software, redes, instalações, etc. (incluindo todas as tecnologias da informação), para desenvolver, testar, fornecer, monitorizar, controlar ou apoiar serviços de TI.

Integração tecnológica:

A integração tecnológica é o processo de introdução de novo software/tecnologia (e respetivo hardware) numa empresa, mantendo ou eliminando lentamente as 'aplicações e equipamentos antigos'.

Disponibilidade de recursos técnicos:

Um recurso é uma fonte ou um fornecimento a partir do qual é produzido um benefício. Normalmente, os recursos são materiais, energia, serviços, pessoal, conhecimentos ou outros activos que são transformados para produzir benefícios e que, durante o processo, podem ser consumidos ou tornados indisponíveis. Os benefícios da utilização de recursos podem incluir o aumento da riqueza, a satisfação de necessidades ou desejos, o funcionamento correto de um sistema ou o aumento do bem-estar.

Sensibilização para a tecnologia:

A consciência é a capacidade de perceber, sentir ou estar consciente de acontecimentos, objectos, pensamentos, emoções ou padrões sensoriais. Neste nível de consciência, os dados dos sentidos podem ser confirmados por um observador sem que isso implique necessariamente uma compreensão. Em termos mais gerais, é o estado ou a qualidade de estar consciente de algo. Em contextos de cooperação, a consciência é um termo utilizado para designar "o conhecimento criado através da interação de um agente e do seu ambiente, em termos simples 'saber o que se passa'". Neste contexto, a consciência pretende transmitir a forma como os indivíduos monitorizam e percepcionam a informação que rodeia os seus colegas e o ambiente em que se encontram. Esta informação é extremamente útil e crítica para o desempenho e o sucesso das colaborações. É o conhecimento sobre o estado de um determinado ambiente

Custo da tecnologia:

Na produção, investigação, venda a retalho e contabilidade, um custo é o valor do dinheiro que foi utilizado para produzir algo. O custo tecnológico é a despesa associada à aquisição ou desenvolvimento, implementação, aplicação e manutenção de activos tecnológicos, incluindo a depreciação de equipamento de I&D e a amortização de know-how.

Capacidade de julgamento:

A capacidade de rastreio é o grau em que uma inovação pode ser experimentada numa base limitada. Pode ser explicada como a medida em que um produto pode ser experimentado e testado pelo consumidor

Complexidade:

A complexidade é geralmente utilizada para caraterizar algo com muitas partes, em que essas partes interagem entre si de múltiplas formas. O estudo destas ligações complexas a várias escalas é o principal objetivo da teoria dos sistemas complexos.

3.2.2: Quadro concetual

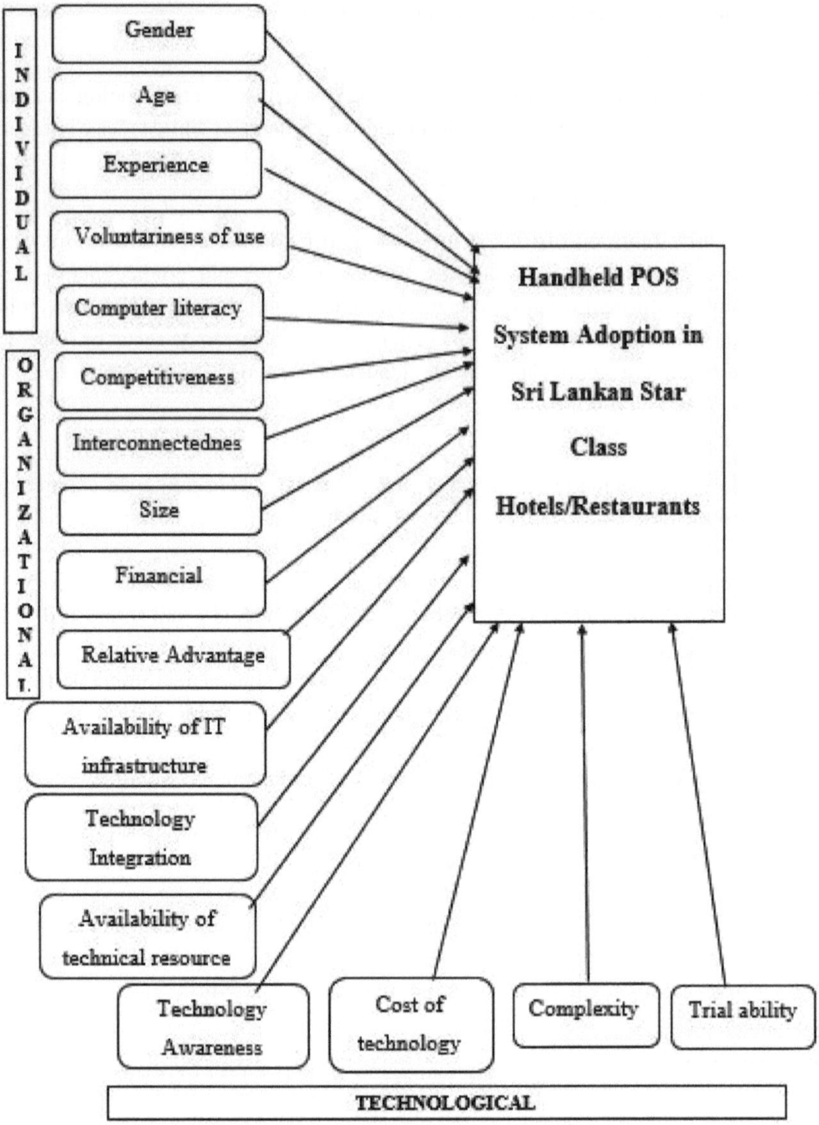

Figura 3.2.2 Quadro concetual para a adoção de POS portáteis

3.3: Métodos e técnicas

Com base no modelo concetual, o investigador irá deduzir as seguintes hipóteses sobre a forma como estes determinantes (variáveis) influenciam potencialmente a probabilidade de os empregados dos hotéis/restaurantes de classe estrela do Sri Lanka adoptarem um sistema POS portátil. Deste modo, os desafios tecnológicos da adoção de sistemas POS portáteis podem ser encontrados e validados.

3.3.1: Hipótese

H1: É mais provável que os trabalhadores do sexo masculino adoptem um sistema POS portátil do que os do sexo feminino.

H2: Os trabalhadores mais jovens são mais propensos a adotar um sistema POS portátil do que os trabalhadores mais velhos.

Para esta hipótese, o investigador segue a influência do género e da idade na adoção da inovação (Rogers, 2003). Os homens e as pessoas mais jovens têm uma maior expetativa de desempenho dos sistemas de TI do que as mulheres ou as pessoas mais velhas (Venkatesh et al., 2003). Por conseguinte, espera-se que as mesmas relações sejam encontradas no que diz respeito à adoção de sistemas POS portáteis nos hotéis/restaurantes de classe estrela do Sri Lanka.

H3: A experiência do empregado está positivamente relacionada com a sua adoção de um sistema POS portátil.

H4: A voluntariedade de utilização do empregado está positivamente relacionada com a adoção de um sistema POS portátil.

Devido aos obstáculos ao desenvolvimento das competências e conhecimentos necessários, muitas empresas são tentadas a adiar a adoção da inovação até disporem de conhecimentos internos suficientes (Attewell, 1999). Espera-se, por conseguinte, que se verifiquem as mesmas relações no que respeita à adoção de sistemas POS portáteis nos hotéis/restaurantes de primeira classe do Sri Lanka.

H5: A literacia informática dos trabalhadores está positivamente relacionada com a adoção de um sistema POS portátil.

Os empregados das organizações que adoptam as TI são geralmente mais inovadores e têm mais conhecimentos de informática do que os empregados das organizações que não adoptam as TI (Van akkerren, 1999). Espera-se, portanto, que as mesmas relações sejam encontradas no que diz respeito à adoção de um sistema POS portátil nos hotéis/restaurantes de classe estrela do Sri Lanka.

H6: A competitividade da organização está positivamente relacionada com a adoção de um sistema POS portátil.

Por concorrência, o investigador entende o ambiente empresarial em que a empresa opera. As organizações num ambiente mais competitivo têm uma atitude mais positiva em relação à adoção (Thong e Yap, 1995). Mais concorrência leva provavelmente a mais inovação. O investigador assume que os hotéis/restaurantes de classe de estrelas do Sri Lanka que experimentam mais concorrência têm mais probabilidades de ter um sistema POS portátil.

H7: A interconectividade da organização está negativamente relacionada com a adoção de um sistema POS portátil.

A interconexão das funções dos hotéis de luxo está relacionada com a complexidade da organização. A complexidade refere-se ao grau em que uma inovação é considerada difícil de utilizar (Rogers, 2003). Espera-se que a interconexão da organização influencie negativamente a adoção de um sistema POS portátil nos hotéis/restaurantes de categoria superior do Sri Lanka.

H8: A dimensão da organização está positivamente relacionada com a adoção de um sistema POS portátil.

A literatura sobre inovação tecnológica concluiu que as empresas maiores têm mais recursos e infra-estruturas para facilitar a adoção de inovações (Thong e Yap, 1995). Com base na relação positiva entre a dimensão da organização e a inovação, o investigador formulou a hipótese de que os hotéis de maior dimensão têm mais probabilidades de ter um sistema POS portátil do que os seus congéneres mais pequenos.

H9: O compromisso financeiro da organização está positivamente relacionado com a adoção de um sistema POS portátil.

O custo do sistema POS portátil é um dos principais factores pelos quais o POS portátil não tem sido mais amplamente adotado nos EUA (Chris Williams, 2008). Espera-se que o compromisso financeiro da organização influencie positivamente a adoção de um sistema POS portátil nos hotéis/restaurantes de classe de estrelas do Sri Lanka.

H10: A vantagem relativa para a organização está positivamente relacionada com a adoção de um sistema POS portátil.

A vantagem relativa é um dos principais factores para a adoção de POS portáteis nos EUA (Chris Williams, 2008). Espera-se que a vantagem relativa para a organização influencie positivamente a adoção do sistema de POS portátil nos hotéis/restaurantes de classe de estrelas do Sri Lanka.

H11: A disponibilidade de infra-estruturas de TI está positivamente relacionada com a adoção de um sistema POS portátil.

H12: A integração tecnológica está positivamente relacionada com a adoção de um sistema POS portátil.

H13: A disponibilidade de recursos técnicos está positivamente relacionada com a adoção de um sistema POS portátil.

A preparação tecnológica é influenciada positivamente pela inovação tecnológica (Tornatzky e Fleischer, 1990). A preparação tecnológica pode ser definida como a disponibilidade de infra-estruturas de TI. De acordo com a evidência da literatura, as tecnologias integradas ajudam a melhorar o desempenho da empresa (Oliveira et al, 2011).

Por conseguinte, uma maior integração das aplicações existentes representa uma maior capacidade da empresa. Com base na relação positiva entre a disponibilidade de infra-estruturas de TI e a integração tecnológica, o investigador formulou hipóteses.

H14: A sensibilização para a tecnologia influencia positivamente a adoção de um sistema

POS portátil.

H15: O baixo custo da tecnologia influencia positivamente a adoção de um sistema POS portátil.

O custo do sistema POS portátil é um dos principais factores que explicam por que razão o POS portátil não tem sido mais amplamente adotado nos EUA (Chris Williams, 2008). Espera-se que o baixo custo da tecnologia influencie positivamente a decisão de os adotar.

Espera-se que o elevado custo da tecnologia influencie negativamente a decisão de a adotar.

H6: A baixa complexidade da tecnologia influencia a adoção de um sistema POS portátil.

A complexidade refere-se ao grau em que uma inovação é percebida como difícil de utilizar (Rogers, 2003). Espera-se que a complexidade percebida da tecnologia influencie negativamente a decisão de a adotar.

H17: A capacidade de rastreio tem grande influência na adoção de um sistema POS portátil. A capacidade de rastreio refere-se à correção dos erros do utilizador e à possibilidade de desfazer as operações. A literatura sobre inovação tecnológica concluiu que a capacidade de rastreio influencia positivamente a decisão de adoção de dispositivos POS portáteis.

3.3.2: Um método específico

A investigação foi efectuada com uma abordagem mista, com dados/métodos qualitativos e quantitativos. A amostragem consiste em métodos de amostragem aleatória simples e de conveniência. A técnica de amostragem intencional é um tipo de amostragem não-probabilística que é mais eficaz quando o investigador precisa de estudar um determinado domínio com peritos conhecedores do mesmo. A amostragem intencional também pode ser utilizada com técnicas de investigação qualitativas e quantitativas.

De acordo com os estudos empíricos (Oliveira et al, 2011), a teoria fundamentada, o método percentual e a estatística descritiva univariada podem ser utilizados para os dados recolhidos através de amostragem por conveniência. Além disso, utilizando métodos de análise estatística, o investigador pode validar os dados que foram recolhidos através de uma amostragem aleatória simples.

O investigador testou as hipóteses sobre os potenciais determinantes da adoção do ponto de venda portátil na indústria hoteleira do Sri Lanka, através de uma análise bivariada dos dados. Para uma análise mais aprofundada, foram utilizadas estatísticas descritivas univariadas, como gráficos de barras e o método das percentagens. Deste modo, é possível encontrar e validar os factores determinantes da adoção dos POS portáteis.

A teoria fundamentada é um método de investigação que permite desenvolver uma teoria que oferece uma explicação sobre a principal preocupação da população da área substantiva do investigador e sobre a forma como essa preocupação é resolvida ou processada. Em primeiro lugar, o investigador tem de identificar a área substantiva e recolher os dados relativos a essa área. A codificação aberta e a recolha de dados são actividades integradas, pelo que a fase de recolha de dados e a fase de codificação aberta ocorrem simultaneamente e continuam até que a categoria central seja reconhecida/selecionada. Os memorandos são iguais à teoria fina. O investigador precisa de escrever memorandos durante todo o processo. Depois de reconhecer a categoria principal e as principais preocupações, a codificação aberta pára e começa a codificação apenas para a categoria principal e as questões relacionadas. O investigador precisa de ordenar os memorandos escritos e descobrir os códigos teóricos que melhor organizam os códigos substantivos. Por fim, o investigador pode escrever a sua própria teoria lendo a literatura e integrando a teoria através da codificação selectiva.

A análise temática é a forma mais comum de análise na investigação qualitativa. A análise temática é a forma mais comum de análise na investigação qualitativa e centra-se na identificação, exame e registo de padrões (ou "temas") nos dados. Os temas são padrões em conjuntos de dados que são importantes para a descrição de um fenómeno e estão associados a uma questão de investigação específica.

Um grupo de discussão é, de acordo com Lederman (Thomas et al.1995), "uma técnica que envolve o uso de entrevistas de grupo aprofundadas em que os participantes são selecionados porque são uma amostra intencional, embora não necessariamente representativa, de uma população específica, sendo este grupo "focado" num determinado tópico". Os participantes neste tipo de investigação são, por conseguinte, selecionados com base no critério de que teriam algo a dizer sobre o tema, estariam dentro da faixa etária, teriam caraterísticas sociais semelhantes e estariam à vontade para falar com o entrevistador e entre si (Richardson & Rabiee, 2001). O grupo de discussão é uma forma de investigação qualitativa em que um grupo de pessoas é questionado sobre as suas percepções, opiniões, crenças e atitudes em relação a um produto, serviço, ideia ou conceito específico. A análise dos dados dos grupos de discussão apresenta desafios e oportunidades/vantagens quando comparada com outro tipo de dados qualitativos. O investigador conduziu entrevistas (várias iterações) com diretores de restaurantes, diretores de TI em hotéis e restaurantes de classe de estrelas da província ocidental que utilizavam sistemas POS portáteis. Deste modo, é possível encontrar e corroborar as relevâncias práticas, os desafios da utilização de sistemas portáteis de ponto de venda e os métodos de prevenção para o efeito.

O investigador utilizou um teste T de uma amostra para a análise dos dados da investigação, com um nível de significância de 0,01. Os resultados do teste T sobre as influências individuais, organizacionais e tecnológicas na adoção do ponto de venda portátil. A amostra selecionada aleatoriamente foi distribuída normalmente e toda a população de utilizadores de pontos de venda portáteis dos hotéis de classe de estrelas da província ocidental foi selecionada a partir da próxima iteração de amostragem. O teste T foi efectuado com uma significância de 0,01, uma vez que a média da amostra e a média da população eram iguais.

Capítulo 4

Resultados

4.1: Introdução

A dimensão da organização foi medida pelo número de empregados; uma medida popular utilizada pelos investigadores sobre a adoção da inovação (Mayor, 1998). A operacionalização das restantes variáveis de investigação foi desenvolvida especialmente para o estudo. Em alguns casos, os itens foram adaptados de escalas utilizadas anteriormente. O nível de medida (ou escala de medida) é uma classificação que descreve a natureza da informação dentro dos números atribuídos às variáveis. Todos os itens perceptivos foram medidos através de escalas de Likert de sete pontos que representam um intervalo de "Discordo totalmente" a "Concordo totalmente". Para o contexto tecnológico, existem caixas de texto para comentar as recomendações e os desafios dos peritos em TI.

O nível de medição refere-se à relação entre os valores que são atribuídos aos atributos de uma variável. Conhecer o nível de medida ajuda o investigador a decidir como interpretar os dados dessa variável. Conhecer o nível de medida ajuda o investigador a decidir que análise estatística é apropriada para os valores atribuídos. Cada nível possui as caraterísticas do nível anterior, mais uma qualidade adicional.

Normalmente, são definidos quatro níveis de medição (William, 2006):

- Nominal
- Ordinal
- Intervalo
- Rácio

Nominal: Na medição nominal, os valores numéricos apenas "nomeiam" o atributo de forma única. Não está implícita qualquer ordenação dos casos. O nominal não é propriamente uma medida. Refere-se mais à qualidade do que à quantidade. Um nível nominal de medida é simplesmente uma questão de distinção pelo nome, por exemplo, 1 = homem, 2 = mulher. Apesar de o investigador ter utilizado os números 1 e 2, estes não denotam quantidade. A categoria binária de 0 e 1 utilizada para os computadores é um nível nominal de medida. São categorias ou classificações.

Ordinal: refere-se à ordem na medição. Uma escala ordinal indica a direção, para além de fornecer informação nominal. Baixo/Médio/Alto; ou Concordo / Não concordo são exemplos de níveis ordinais de medição. Classificar um nível de consciencialização como "cinco" numa escala de 1 a 7 indica que era mais elevado do que um nível de consciencialização classificado como "três". Muitas escalas ou inventários psicológicos encontram-se no nível ordinal de medição. Na medição ordinal, os atributos podem ser ordenados. Neste caso, as distâncias entre os atributos não têm qualquer significado. Nesta investigação, o investigador codificou a complexidade tecnológica como sendo elevada: 1=discordo totalmente; 2=discordo bastante; 3=discordo ligeiramente; 4=neutro; 5=concordo ligeiramente; 6=concordo bastante; 7=concordo totalmente. Nesta medida, números mais altos significam maior complexidade tecnológica. Mas a distância entre 1 e 2 não é a mesma que entre 4 e 5. O intervalo entre valores não é interpretável numa medida ordinal.

Intervalo: Na medição por intervalos, a distância entre os atributos tem efetivamente significado. Por exemplo, quando o investigador mede a experiência de utilização de dispositivos portáteis de ponto de venda (em anos), a distância de 1-2 é a mesma que a distância de 2-4. O intervalo entre os valores é interpretável. Por este motivo, faz sentido calcular a média de uma variável intervalar, ao contrário do que acontece com as escalas ordinais. As escalas intervalares fornecem informações sobre a ordem e também possuem intervalos iguais. Podem ser concebidas escalas de medida de intervalos iguais para opiniões e atitudes. Mas é importante compreender os diferentes níveis de medição quando se utilizam e interpretam escalas.

Rácio: na medição do rácio há sempre um zero absoluto que é significativo. Isto significa que o investigador pode construir uma fração significativa (ou rácio) com uma variável de rácio. Para além de possuir as qualidades das escalas nominal, ordinal e intervalar, uma escala de rácio tem um zero absoluto (um ponto onde não existe nenhuma das qualidades que estão a ser medidas). A utilização de uma escala de rácio permite comparações como ser duas vezes mais alto ou metade do valor.

4.2: Resultados do grupo de resposta

No total, 72 empregados que trabalhavam em hotéis e restaurantes de luxo na província ocidental foram contactados para participar neste estudo. Não se sabia se o hotel de luxo estava a utilizar dispositivos portáteis de ponto de venda ou não. Entre eles, 33 empregados de 11 casos (45,83,32%) responderam que adoptavam o ponto de venda portátil e outros 39 empregados de 13 casos (54,17%) responderam que não adoptavam o ponto de venda portátil. Por último, foram preenchidos 33 questionários, o que corresponde a uma taxa de resposta de 100%.

4.2.1: Resultados do método das percentagens

De acordo com o método da percentagem, os dados recolhidos foram analisados com base nas variáveis de influência. As variáveis género, idade, experiência, literacia informática, voluntariedade de utilização foram calculadas como influências individuais. Competitividade, interligação entre as operações do hotel, dimensão da organização, compromisso financeiro e vantagem relativa, variáveis calculadas sob influência organizacional. Disponibilidade de infra-estruturas de TI, integração de tecnologias, disponibilidade de recursos de TI, sensibilização para a tecnologia, custo da tecnologia, complexidade e capacidade de rastreio, variáveis calculadas sob influências tecnológicas.

O investigador verificou que a percentagem da população de trabalhadores do sexo masculino que adoptou o ponto de venda portátil é de 81,82% e a percentagem da população de trabalhadores do sexo feminino é de 18,18%.

A percentagem de trabalhadores mais jovens que adoptaram o ponto de venda portátil é de 75% e a percentagem de trabalhadores de meia-idade é de 25%.

A percentagem da população do ponto de venda portátil adoptada pelo empregado com mais experiência é de 72,73% e a percentagem da população do empregado com menos experiência é de 27,27%.

A percentagem da população do ponto de venda portátil adoptada pelos trabalhadores altamente voluntários é de 54,55% e a percentagem da população dos trabalhadores pouco voluntários é de 45,45%.

Entre os utilizadores dos pontos de venda portáteis, a percentagem de 63,64% corresponde a empregados com um nível de literacia informática superior (intermédio). A percentagem de 36,36% corresponde aos trabalhadores com um nível inferior (básico) de literacia informática.

A partir dos pontos de venda portáteis adoptados nos hotéis, a percentagem de 81,82% da população da amostra revelou ter um nível de concorrência mais elevado com hotéis/restaurantes locais e internacionais classificados com 3 a 5 estrelas. A percentagem de 18,18% da população da amostra revela um menor nível de concorrência com hotéis/restaurantes locais e internacionais classificados com menos de 3 estrelas.

A percentagem da população da amostra foi calculada em 9,09% para os hotéis/restaurantes que tinham sucursais/operações muito interligadas. A percentagem da população da amostra foi calculada em 90,91% para os hotéis/restaurantes que tinham sucursais/operações pouco interligadas.

A percentagem da população da amostra foi calculada em 72,73% para os hotéis/restaurantes de maior dimensão quando o número de empregados é superior a 100, enquanto a percentagem da população da amostra foi calculada em 27,27% para os hotéis/restaurantes quando o número de empregados é inferior a 100.

A percentagem da população da amostra é de 27,27% para os hotéis/restaurantes que adoptaram o sistema de ponto de venda portátil quando o compromisso financeiro para com a tecnologia de ponto de venda portátil é elevado. A percentagem da população da amostra é de 72,73% para os hotéis/restaurantes que adoptaram o sistema portátil de ponto de venda quando o compromisso financeiro para com a tecnologia portátil de ponto de venda é baixo.

A percentagem da população da amostra é de 92,42% para os hotéis/restaurantes que adoptaram o sistema de ponto de venda portátil quando a vantagem relativa da tecnologia de ponto de venda portátil é elevada para eles. A percentagem da população da amostra é de 7,58% para os hotéis/restaurantes que adoptaram o sistema de ponto de venda portátil quando a vantagem relativa da tecnologia de ponto de venda portátil é baixa para eles.

A percentagem da população da amostra foi calculada em 72,73% para os hotéis/restaurantes que adoptaram o ponto de venda portátil quando dispunham de uma infraestrutura de TI de alto nível. A percentagem da população da amostra foi calculada em 27,27% para os hotéis/restaurantes que dispõem de infra-estruturas informáticas de menor dimensão.

A percentagem da população da amostra foi calculada em 9,09% para os hotéis/restaurantes que adoptaram o ponto de venda portátil quando necessitam de uma elevada integração da tecnologia. A percentagem da população da amostra foi calculada em 90,91% para os hotéis/restaurantes que necessitam de uma baixa integração da tecnologia.

A percentagem da população da amostra calculada como 18,18% para os pontos de venda portáteis adoptados pelos hotéis/restaurantes quando necessitam de um maior número de recursos técnicos para as configurações. A percentagem da população da amostra foi calculada em 81,82% para os hotéis/restaurantes que necessitam de um menor número de recursos técnicos para as configurações.

A percentagem da população da amostra foi calculada em 72,73% para os hotéis/restaurantes que adoptaram o ponto de venda portátil quando os seus gestores de tecnologia têm um elevado nível de sensibilização para a tecnologia do ponto de venda portátil. A percentagem da população da amostra calculada como 27,27% para os hotéis/restaurantes que adoptaram o ponto de venda portátil quando a sua gestão tecnológica tem um baixo nível de sensibilização para a tecnologia do ponto de venda portátil.

A percentagem da população da amostra calculada como 18,18% para os hotéis/restaurantes que adoptaram a tecnologia de ponto de venda portátil quando consideram que o custo desta tecnologia é elevado para eles. A percentagem da população da amostra calculada como 81,82% para os hotéis/restaurantes que adoptaram a tecnologia de ponto de venda portátil quando consideram que o custo da tecnologia de ponto de venda portátil é elevado para eles.

A percentagem da população da amostra é calculada em 9,09% para os hotéis/restaurantes que adoptaram a tecnologia de ponto de venda portátil quando consideram que a complexidade da tecnologia de ponto de venda portátil é elevada para eles. A percentagem da população da amostra calculada como 90,91% para os hotéis/restaurantes que adoptaram a tecnologia de ponto de venda portátil quando consideram que a complexidade da tecnologia de ponto de venda portátil é elevada para eles.

A percentagem da população da amostra foi calculada em 18,18% para os hotéis/restaurantes que adoptaram a tecnologia de ponto de venda portátil quando conseguem recuperar facilmente de erros durante a utilização da tecnologia de ponto de venda portátil (capacidade experimental). A percentagem da população da amostra foi calculada em 80,82% para os hotéis/restaurantes que adoptaram o sistema portátil de ponto de venda quando é difícil recuperar de erros durante a utilização da tecnologia do sistema portátil de ponto de venda (capacidade experimental).

4.2.2: Resultados do teste T

O investigador utilizou um teste T para uma amostra, uma vez que o (desvio-padrão da população) é desconhecido e a dimensão da amostra é pequena (n < 30). O investigador utilizou a equação do desvio-padrão abaixo para uma amostra de uma população:

$$s = \sqrt{\frac{\sum(x - \overline{x})^2}{N - 1}}$$

S = desvio padrão

x = cada valor da amostra

x~ = média do valor

N = dimensão da amostra

Para encontrar o desvio padrão de cada variável da amostra, o investigador calculou os valores médios da população da amostra para H0 e H1 e as diferenças médias entre H0 e H1. Por exemplo, a média da proporção de trabalhadores do sexo masculino (H0) é calculada como 0,82 e a média da promoção de trabalhadores do sexo feminino é calculada como 0,18 (H1).

Depois de encontrar os valores do desvio padrão para cada variável, o investigador dividiu a diferença média total pela raiz quadrada do desvio padrão para encontrar o valor T de cada variável. O investigador identificou o nível de significância como 0,01 (intervalos de confiança de 1/99%), uma vez que a média da amostra e a média da população eram iguais.

Os quadros seguintes apresentam uma panorâmica dos resultados do teste T de uma amostra. O quadro 1 contém os resultados do teste T e os valores p das influências individuais. O quadro 4.3.2.1 contém os resultados do teste T e os valores de p das influências individuais na adoção de um ponto de venda portátil.

O quadro 4.3.2.2 contém os resultados do teste T e os valores de p relativos às influências individuais na adoção de um ponto de venda portátil. A tabela 4.3.2.1 contém os resultados do teste T e os valores de p relativos às influências organizacionais na adoção de terminais portáteis de ponto de venda. O quadro 4.3.2.2 contém os resultados do teste T e os valores de p relativos às influências tecnológicas na adoção do ponto de venda portátil.

Tabela 4.2.2.1: Resultados do teste T sobre a influência das caraterísticas individuais na adoção de POS portáteis (*= significativo ao nível de 0,01)

H	Variável de influência	H0 (média; n=11)	H1 (média; n=11)	Diferença	Valor T	Valor P
Individual						
1	Género (Proporção de trabalhadores do sexo masculino)	0.82	0.18	0.64	5.6672423	0.000104*
2	Idade (Proporção de trabalhadores mais jovens)	0.75	0.25	0.5	7.0703241	0.000017*
3	Experiência	0.73	0.27	0.46	7.8421128	<0.00001*
4	Voluntariedade da utilização	0.55	0.45	0.1	2.0045534	0.03642
5	Literacia informática	0.64	0.36	0.28	63.8450272	<0.00001*

Tabela 4.2.2.2: Resultados do teste T sobre a influência das caraterísticas organizacionais na adoção de POS portáteis (*= significativo ao nível de 0,01)

H	Variável de influência	H0 (média; n=11)	H1 (média; n=11)	Diferença	Valor T	Valor P
Organizacional						
6	Competitividade	0.82	0.18	0.64	5.6672423	0.000104*
7	Interligação	0.09	0.91	-0.82	-2.5055239	0.015589
8	Tamanho	0.73	0.27	0.46	7.8421128	<0.00001*
9	Compromisso financeiro	0.27	0.73	-0.46	-2.1030227	0.030882
10	Vantagem relativa	0.92	0.08	0.84	4.8489894	0.000336*

Tabela 4.2.2.3: Resultados do teste T sobre a influência das caraterísticas tecnológicas na adoção de POS portáteis (*= significativo ao nível de 0,01)

H	Variável de influência	H0 (média; n=11)	H1 (média; n=11)	Diferença	Valor T	Valor P
Tecnológico						
11	Disponibilidade de infra-estruturas informáticas	0.73	0.27	0.46	7.8421128	<0.00001*
12	Integração tecnológica	0.09	0.91	-0.82	-2.5055239	0.015589
13	Disponibilidade de recursos técnicos	0.18	0.82	-0.64	2.3442809	0.020529
14	Sensibilização para a tecnologia	0.73	0.27	0.46	7.8421128	<0.00001*
15	Custo da tecnologia	0.82	0.18	0.64	5.6672423	0.000104*
16	Complexidade	0.91	0.09	0.82	4.9042550	0.00031*
17	Capacidade de julgamento	0.18	0.82	-0.64	-2.3442809	0.020529

4.2.3: Resultados das entrevistas com grupos de discussão

O investigador realizou entrevistas/discussões com diretores e gestores de TI de hotéis/restaurantes de classe estrela do Sri Lanka que se adaptaram com êxito à tecnologia de ponto de venda portátil. O investigador analisou a informação recolhida utilizando conceitos básicos de teoria fundamentada e análise temática. Os resultados finais foram resumidos em desafios tecnológicos e recomendações para os ultrapassar, de acordo com a perceção do gestor e a perceção tecnológica. O investigador finalizou os pontos de vista dos gestores e dos gestores de TI sobre a recomendação da tecnologia de ponto de venda portátil para hotéis/restaurantes de classe de estrelas.

De acordo com a teoria fundamentada, o investigador realizou entrevistas (múltiplas iterações) com a direção do hotel/restaurante e a direção tecnológica.

A nível organizacional (perspetiva do gestor), o investigador identificou os seguintes desafios quando o hotel/restaurante de classe estrela passa a utilizar a tecnologia de ponto de venda portátil.

- GAP de comunicação dos empregados/gestores com os gestores de TI
- Falta de sensibilização dos utilizadores para a tecnologia POS portátil
- Complexidade da configuração da aplicação
- Complexidade da configuração da BD
- Conhecimento do utilizador sobre informática.
- Formação de utilizadores por tempo limitado.
- Opções limitadas - memória/carga da bateria/funções de apoio limitadas
- Necessidade de atenção especial
- Problemas de conetividade.
- Bugs/avarias
- Complexidade da recuperação de erros

A nível tecnológico (perspetiva do gestor de TI), o investigador identificou os seguintes desafios quando o hotel/restaurante de classe estrela passa a utilizar a tecnologia de ponto de venda portátil.

- Actualizações de versões
- Actualizações tecnológicas
- Os utilizadores devem ter cuidado ao utilizá-los (a sua substituição é dispendiosa)
- Estabilidade das ligações
- Estabilidade do sistema operativo Android
- Quando são introduzidas novas funcionalidades no sistema existente
- A conetividade deve ser de 100% (WIFI)
- Alguns dispositivos portáteis suportam apenas um sistema operativo específico.
- Complexidade da aplicação
- Actualizações de compilação de aplicações
- GAP de conhecimento/comunicação dos empregados.
- Disponibilidade de recursos informáticos de alta tecnologia.

Após discussão com a direção do restaurante/hotel, de acordo com a perspetiva organizacional, o investigador reconheceu as seguintes recomendações para ultrapassar os desafios organizacionais quando um hotel/restaurante de classe estrela adopta a tecnologia de ponto de venda portátil.

- Pedido de teste do sistema e execução prévia
- Ter aplicações mais fáceis de utilizar Uls
- Dar formação prévia aos empregados
- Dar formação adequada aos empregados de acordo com a sua tarefa
- Dar formação contínua aos empregados.

Depois de discutir com os gestores de TI, de acordo com a perspetiva tecnológica, o investigador reconheceu as seguintes recomendações para ultrapassar os desafios tecnológicos quando um hotel/restaurante de classe estrela adopta a tecnologia de ponto de venda portátil.

- Necessidade de selecionar o produto correto para a operação pretendida
- Ter garantia de qualidade para a aplicação portátil
- Testes de aceitação do utilizador e execução prévia
- Criar a infraestrutura antecipadamente
- Formação e acompanhamento dos trabalhadores
- Melhoria contínua dos produtos através da aprendizagem e desenvolvimento (L&D)
- Escolher exatamente o mesmo produto para a necessidade
- Selecionar a versão correta da plataforma/sistema operativo
- Convencer a direção do investimento
- Realizar formação contínua dos utilizadores
- Disponibilidade de uma rede de alto nível.

O investigador identificou as seguintes relevâncias práticas da adoção da tecnologia POS portátil de acordo com a perspetiva da gestão.

- Ajudar a manter os padrões de qualidade
- Ajudará a melhorar a comunicação
- É bom ter um POS portátil para reduzir a carga de trabalho dos empregados de mesa
- Ajuda a prestar serviços de nível internacional aos clientes
- Minimizar o custo e o tempo
- Cria um ambiente favorável ao cliente.
- Menos tempo para as transacções.

O investigador identificou as seguintes relevâncias práticas da adoção da tecnologia POS portátil de acordo com a perspetiva tecnológica.

- A tendência dos hotéis de classe executiva é utilizar este tipo de tecnologia para minimizar os custos e o tempo. Se considerarmos os melhores hotéis de luxo do mundo. Eles utilizam tecnologia de ponta.
- O POS portátil é muito popular e deve ter tecnologia se precisar de estar no topo da concorrência.
- A operação terá um aspeto mais profissional.
- Melhorará a produtividade.
- Ajudará na operação e melhorará a produtividade.
- É mais fácil trabalhar com dispositivos portáteis do que com WS estáveis.

4.3: Discussão dos resultados

Neste estudo, o investigador examinou as influências da adoção de POS portáteis no Sri Lanka. A secção seguinte apresenta uma panorâmica da análise dos dados da investigação, uma vez que algumas variáveis podem necessitar de explicações adicionais sobre a forma como foram medidas e analisadas.

4.3.1: Discussão dos resultados do método das percentagens

O valor percentual calculado para a proporção de trabalhadores do sexo masculino é superior ao valor percentual calculado para a proporção de trabalhadores do sexo feminino. De acordo com o método percentual, os trabalhadores do sexo masculino têm mais probabilidades de adotar a tecnologia de ponto de venda portátil.

O valor percentual calculado para a proporção de trabalhadores mais jovens é superior ao valor percentual calculado para a proporção de trabalhadores de meia-idade. De acordo com o método percentual, os trabalhadores mais jovens têm mais probabilidades de adotar a tecnologia de ponto de venda portátil.

O valor percentual calculado para a proporção de empregados com experiência em pontos de venda portáteis é superior ao valor percentual calculado para a proporção de empregados com pouca experiência. De acordo com o método percentual, os empregados com maior experiência tecnológica têm maior probabilidade de adotar a tecnologia de ponto de venda portátil.

O valor percentual calculado para a proporção de empregados com experiência em pontos de venda portáteis é superior ao valor percentual calculado para a proporção de empregados com pouca experiência. De acordo com o método percentual, os empregados com maior experiência tecnológica têm maior probabilidade de adotar a tecnologia de ponto de venda portátil.

A percentagem da população que adopta a tecnologia de ponto de venda portátil é mais elevada entre os trabalhadores altamente voluntários do que entre os trabalhadores pouco voluntários. De acordo com o método percentual, os trabalhadores altamente voluntários têm maior probabilidade de adotar a tecnologia de ponto de venda portátil.

A percentagem da população que adoptou o ponto de venda portátil é elevada quando o nível de literacia informática do empregado é intermédio. O valor percentual baixo é calculado para os trabalhadores com um nível básico de literacia informática. De acordo com o método percentual, os trabalhadores com um nível de literacia informática elevado têm maior probabilidade de adotar a tecnologia de ponto de venda portátil.

A percentagem da população que adoptou o ponto de venda portátil é elevada quando o nível de literacia informática do empregado é intermédio. O valor percentual baixo é calculado para os trabalhadores com um nível básico de literacia informática. De acordo com o método percentual, os trabalhadores com um nível de literacia informática elevado têm maior probabilidade de adotar a tecnologia de ponto de venda portátil.

A percentagem da população dos hotéis altamente competitivos que adopta pontos de venda portáteis é superior à dos hotéis/restaurantes pouco competitivos. De acordo com o método percentual, os hotéis/restaurantes altamente competitivos têm mais probabilidades de adotar a tecnologia dos pontos de venda portáteis.

A percentagem da população que adoptou o ponto de venda portátil foi calculada como sendo mais elevada quando as interligações entre as operações hoteleiras são reduzidas. De acordo com o método percentual, os hotéis/restaurantes com operações hoteleiras pouco interligadas têm maior probabilidade de adotar a tecnologia de ponto de venda portátil.

A percentagem da população que adoptou o ponto de venda portátil é calculada como sendo mais elevada quando o número de empregados é superior a 100. De acordo com o método da percentagem, os hotéis/restaurantes que têm um grande número de empregados (dimensão elevada) têm mais probabilidades de adotar a tecnologia do ponto de venda portátil.

O valor percentual é elevado quando o compromisso financeiro é baixo para os hotéis que adoptam o ponto de venda portátil. De acordo com o método percentual, os hotéis/restaurantes que tinham menos compromissos financeiros eram mais susceptíveis de adotar a tecnologia de ponto de venda portátil.

A percentagem da população que adopta o ponto de venda portátil é elevada nos hotéis/restaurantes altamente competitivos. De acordo com o método percentual, os hotéis/restaurantes altamente competitivos têm maior probabilidade de adotar a tecnologia de ponto de venda portátil.

A percentagem da população da amostra é elevada quando a vantagem relativa da tecnologia de ponto de venda portátil é elevada para os hotéis/restaurantes. De acordo com o método da percentagem, é mais provável que os hotéis/restaurantes adoptem a tecnologia de ponto de venda portátil quando a vantagem relativa é elevada para eles.

A percentagem da população da amostra é elevada quando a infraestrutura de TI está altamente disponível nos hotéis/restaurantes. De acordo com o método percentual, é mais provável que os hotéis/restaurantes adoptem a tecnologia de ponto de venda portátil quando a infraestrutura de TI está altamente disponível para eles.

A percentagem da população da amostra é elevada quando a integração da tecnologia é baixa para os hotéis/restaurantes. De acordo com o método percentual, é mais provável que os hotéis/restaurantes adoptem a tecnologia de ponto de venda portátil quando a integração tecnológica é baixa para eles.

A percentagem da população da amostra é baixa quando os recursos de TI estão altamente disponíveis nos hotéis/restaurantes. De acordo com o método percentual, a disponibilidade de recursos de TI não influencia a adoção da tecnologia de ponto de venda portátil.

A percentagem da população da amostra é elevada quando a sensibilização para a tecnologia do ponto de venda portátil é elevada. De acordo com o método percentual, os hotéis/restaurantes têm maior probabilidade de adotar a tecnologia de ponto de venda portátil quando o seu nível de sensibilização para a tecnologia é elevado.

A percentagem da população da amostra é elevada devido ao baixo custo da tecnologia. De acordo com o método percentual, é mais provável que os hotéis/restaurantes adoptem a tecnologia de ponto de venda portátil, uma vez que o custo da tecnologia é baixo.

A percentagem da população da amostra é elevada quando a complexidade da tecnologia do ponto de venda portátil é baixa. De acordo com o método da percentagem, os hotéis/restaurantes têm maior probabilidade de adotar a tecnologia de ponto de venda portátil quando a complexidade da tecnologia é baixa.

A percentagem da população da amostra foi calculada como um valor elevado para os hotéis/restaurantes que adoptaram a tecnologia de ponto de venda portátil quando é difícil recuperar de erros durante a utilização da tecnologia de ponto de venda portátil (capacidade experimental). De acordo com o método de percentagem de capacidade de ensaio para adotar a tecnologia de ponto de venda portátil.

4.3.2: Discussão dos resultados do teste T

O investigador verificou que a média populacional do ponto de venda portátil adotado pelo trabalhador do sexo masculino é de 0,82 e a média populacional do trabalhador do sexo feminino é de 0,18. A diferença média é de 0,64 para a variável género.

A média da população da amostra do ponto de venda portátil adotado pelo trabalhador mais jovem é de 0,75 e a média da população da amostra do trabalhador de meia-idade é de 0,25. A diferença média é de 0,5 para a variável idade.

A média da população da amostra do ponto de venda portátil adotado pelo empregado com mais experiência é de 0,73 e a média da população da amostra do empregado com menos experiência é de 0,27. A diferença média é de 0,46 para a variável experiência.

A média da população da amostra do ponto de venda portátil adotado pelo trabalhador altamente voluntário é de 0,55 e a média da população da amostra do trabalhador pouco voluntário é de 0,45. A diferença média é de 0,5 para a variável voluntariedade de utilização.

A média da população da amostra do ponto de venda portátil adotado pelo empregado com elevada literacia informática é de 0,64 e a média da população da amostra com baixa literacia informática é de 0,36. A diferença média é de 0,28 para a variável literacia informática.

A média da população da amostra do hotel/restaurante de elevada competitividade adoptada para o ponto de venda portátil é de 0,82 e a média da população da amostra do hotel/restaurante de baixa competitividade é de 0,18. A diferença média é de 0,64 para a variável competitividade.

A média da população da amostra do ponto de venda portátil adotado no hotel/restaurante altamente interligado é de 0,09 e a média da população da amostra do hotel/restaurante pouco interligado é de 0,91. A diferença média é de (-0,82) para a variável interligação.

A média da população da amostra de hotéis/restaurantes de grande dimensão adoptada para o ponto de venda portátil é de 0,73 e a média da população da amostra de hotéis/restaurantes de pequena dimensão é de 0,27. A diferença média é de 0,46 para a variável competitividade.

A média da população da amostra de hotéis/restaurantes de grande dimensão adoptada para o ponto de venda portátil é de 0,73 e a média da população da amostra de hotéis/restaurantes de pequena dimensão é de 0,27. A diferença média é de 0,46 para a variável dimensão.

A média da população da amostra dos pontos de venda portáteis adoptados no hotel/restaurante com elevado compromisso financeiro é de 0,27 e a média da população da amostra do hotel/restaurante com baixo compromisso financeiro é de 0,73. A diferença média é de (-0,46) para a variável compromisso financeiro.

A média da população da amostra do ponto de venda portátil adotado para a vantagem relativa elevada é de 0,92 e a média da população da amostra para a vantagem relativa baixa é de 0,08. A diferença média é de 0,84 para a variável vantagem relativa.

A média da população da amostra do ponto de venda portátil adotado para a elevada disponibilidade de infra-estruturas de TI é de 0,73 e a média da população da amostra para a baixa disponibilidade de infra-estruturas de TI é de 0,27. A diferença média é de 0,46 para a variável disponibilidade de infra-estruturas de TI.

A média da população da amostra do ponto de venda portátil adotado para a integração de alta tecnologia é de 0,09 e a média da população da amostra para a integração de baixa tecnologia é de 0,91. A diferença média é de (-0,82) para a variável integração tecnológica.

A média da população da amostra do ponto de venda portátil adotado para a elevada disponibilidade de recursos técnicos é de 0,18 e a média da população da amostra para a baixa disponibilidade de recursos técnicos é de 0,82. A diferença média é de (-0,64) para a variável disponibilidade de recursos técnicos.

A média da população da amostra do ponto de venda portátil adotado para o nível de sensibilização para a alta tecnologia é de 0,73 e a média da população da amostra para o nível de sensibilização para a baixa tecnologia é de 0,27. A diferença média é de 0,46 para a variável nível de consciencialização tecnológica.

A média da população da amostra do ponto de venda portátil adotado para o custo elevado da tecnologia é de 0,82 e a média da população da amostra para o custo reduzido da tecnologia é de 0,18. A diferença média é de 0,64 para a variável custo da tecnologia

A média da população da amostra do ponto de venda portátil adotado para a complexidade tecnológica elevada é de 0,91 e a média da população da amostra para a complexidade tecnológica baixa é de 0,09. A diferença média é de 0,82 para a variável complexidade tecnológica.

A média da população da amostra do ponto de venda portátil adotado para a elevada capacidade de rastreio da tecnologia é de 0,18 e a média da população da amostra para a baixa capacidade de rastreio da tecnologia é de 0,82. A diferença média é de (-0,64) para a variável "capacidade de rasto da tecnologia".

A diferença média total calculada é de 0,2655 para as 17 variáveis de investigação que são assumidas e selecionadas como influências da adoção do ponto de venda portátil.

Utilizando as diferenças médias de cada variável e a diferença média total, o investigador calculou o desvio padrão de cada variável. Para calcular o valor T, o investigador dividiu a diferença média de cada variável pelo desvio padrão da mesma variável. O valor P é calculado ao nível de significância de 0,01 utilizando um teste unilateral.

Para a variável género, o valor T foi calculado como 5,667242. O valor P foi calculado como 0,000104 e o resultado é significativo a p<0,01 (o valor P é inferior a 0,01). O resultado apoia a hipótese H1, que está relacionada com as influências individuais. Isto implica que a proporção masculina da variável género tem um efeito positivo na adoção da tecnologia de ponto de venda portátil na indústria hoteleira do Sri Lanka.

Para a variável idade, o valor T foi calculado como 7,070324. O valor P foi calculado como 0,000017 e o resultado é significativo a p<0,01 (o valor P é inferior a 0,01). O resultado apoia H2, que está relacionado com influências individuais. Isto implica que a proporção da variável idade mais jovem tem um efeito positivo na adoção da tecnologia de ponto de venda portátil na indústria hoteleira do Sri Lanka.

Para a variável experiência, o valor T foi calculado como 7,842113. Valor P calculado como <0,00001 e o resultado é significativo a p<0,01 (o valor P é inferior a 0,01). O resultado apoia H3, que está relacionado com as influências individuais. Isto implica que a proporção da variável experiência altamente experiente tem um efeito positivo na adoção da tecnologia de ponto de venda portátil na indústria hoteleira do Sri Lanka.

Valor T calculado como 2,004553 para a variável voluntariedade de utilização por parte dos trabalhadores. O valor P foi calculado como 0,03642 e o resultado não é significativo a p<0,01 (o valor P é superior a 0,01). O resultado não apoia a hipótese H4, que está relacionada com influências individuais. Isto implica que a variável voluntariedade da utilização não está relacionada com a probabilidade de adoção da tecnologia de ponto de venda portátil na indústria hoteleira do Sri Lanka.

Valor T calculado como 63,84503 para a variável literacia informática dos trabalhadores. O valor de p calculado é < 0,00001 e o resultado é significativo a p<0,01 (o valor de p é inferior a 0,01). O resultado apoia H5, que está relacionado com as influências individuais. Isto implica que a proporção da variável "literacia informática" com elevada literacia informática tem um efeito positivo na adoção da tecnologia de ponto de venda portátil na indústria hoteleira do Sri Lanka.

Valor T calculado como 5,667242 para a variável competitividade da organização. O valor de p calculado foi de 0,000104 e o resultado é significativo a $p<0,01$ (o valor de p é inferior a 0,01). O resultado apoia a H6, que está relacionada com as influências organizacionais. Isto implica que a proporção altamente competitiva da variável competitividade tem um efeito positivo na adoção da tecnologia de ponto de venda portátil na indústria hoteleira do Sri Lanka.

Valor T calculado como (-2,50552) para a variável interconexão. Valor P calculado como 0,015589 e o resultado não é significativo a $p<0,01$ (o valor P é superior a 0,01). O resultado não suporta H7, que está relacionado com as influências organizacionais. Isto implica que a interligação entre as operações/tarefas do hotel não está relacionada com a probabilidade de adoção da tecnologia de ponto de venda portátil na indústria hoteleira do Sri Lanka.

Valor T calculado como 7,842113 para a variável dimensão da organização. Valor de p calculado como $< 0,00001$ e o resultado é significativo a $p<0,01$ (valor de p é inferior a 0,01). O resultado apoia H8 que está relacionado com as influências organizacionais. Isto implica que os hotéis/restaurantes de maior dimensão têm um efeito positivo na adoção da tecnologia de ponto de venda portátil na indústria hoteleira do Sri Lanka.

Valor T calculado como (-2,10302) para a variável compromisso financeiro. O valor de p calculado é 0,030882 e o resultado não é significativo a $p<0,01$ (o valor de p é superior a 0,01). O resultado não suporta H9 que está relacionado com influências organizacionais. Isto implica que o compromisso financeiro elevado não está relacionado com a probabilidade de adoção da tecnologia de ponto de venda portátil na indústria hoteleira do Sri Lanka.

Valor T calculado como 4,848989 para a variável vantagem relativa. O valor P foi calculado como 0,000336 e o resultado é significativo a $p<0,01$ (o valor P é inferior a 0,01). O resultado apoia a H10, que está relacionada com as influências tecnológicas. Isto implica que a vantagem relativa tem um efeito positivo na adoção da tecnologia de ponto de venda portátil na indústria hoteleira do Sri Lanka.

Valor T calculado como 7,842113 para a variável disponibilidade de infra-estruturas de TI. Valor de p calculado como $< 0,00001$ e o resultado é significativo a $p<0,01$ (o valor de p é inferior a 0,01). O resultado apoia a H11, que está relacionada com as influências tecnológicas. Isto implica que a disponibilidade da infraestrutura de TI tem um efeito positivo na adoção da tecnologia de ponto de venda portátil na indústria hoteleira do Sri Lanka

Valor T calculado como (-2,50552) para a variável integração tecnológica. Valor P calculado como 0,015589 e o resultado não é significativo a $p<0,01$ (o valor P é superior a 0,01). O resultado não apoia a H12, que está relacionada com as influências tecnológicas. Isto implica que uma integração tecnológica complexa não está relacionada com a probabilidade de adoção da tecnologia de ponto de venda portátil na indústria hoteleira do Sri Lanka.

Valor T calculado como (- 2,34428) para a variável disponibilidade de recursos de TI. Valor

P calculado como 0,020529 e o resultado não é significativo a p<0,01 (o valor P é superior a 0,01). O resultado não apoia a hipótese H13, que está relacionada com as influências tecnológicas. Isto implica que a disponibilidade de recursos de TI não está relacionada com a probabilidade de adoção da tecnologia de ponto de venda portátil na indústria hoteleira do Sri Lanka.

Valor T calculado como 7,842113 para a variável consciência tecnológica dos funcionários. Valor P calculado como < 0,00001 e o resultado é significativo a p<0,01 (o valor P é inferior a 0,01). O resultado apoia a H14, que está relacionada com as influências tecnológicas. Isto implica que a sensibilização dos trabalhadores para a tecnologia tem um efeito positivo na adoção da tecnologia de ponto de venda portátil na indústria hoteleira do Sri Lanka.

Valor T calculado como 5,667242 para a variável custo da tecnologia. O valor P foi calculado como 0,000104 e o resultado é significativo a p<0,01 (o valor P é inferior a 0,01). O resultado apoia a hipótese H15, que está relacionada com as influências tecnológicas. Isto implica que o custo da tecnologia tem um efeito positivo na adoção da tecnologia de ponto de venda portátil na indústria hoteleira do Sri Lanka.

Valor T calculado como 4,90425 para a variável complexidade da tecnologia. O valor P foi calculado como 0,00031 e o resultado é significativo a p<0,01 (o valor P é inferior a 0,01). O resultado apoia a H16, que está relacionada com as influências tecnológicas. Isto implica que a complexidade da tecnologia tem uma influência negativa na adoção da tecnologia de ponto de venda portátil na indústria hoteleira do Sri Lanka.

Valor T calculado como (- 2,34428) para a variável capacidade de rasto. O valor de p calculado é 0,020529 e o resultado não é significativo a p<0,01 (o valor de p é superior a 0,01). O resultado não suporta H17, que está relacionado com influências tecnológicas. Isto implica que a capacidade de rastreio não está relacionada com a probabilidade de adoção da tecnologia de ponto de venda portátil na indústria hoteleira do Sri Lanka.

4.3.3: Discussão dos resultados das entrevistas com grupos de discussão

De acordo com a teoria temática, o investigador dividiu esses desafios a nível organizacional nos temas que se seguem.

Desafios a nível organizacional

Perspetiva do conhecimento

- GAP de comunicação
- Falta de sensibilização dos utilizadores
- Conhecimentos de informática

Perspetiva da qualidade

- Bugs/avarias
- Comportamentos inesperados

- Complexidade da recuperação de erros

Perspetiva do hardware

- Opções limitadas de hardware

Perspetiva da rede

- Problemas de conetividade

Perspetiva do software

- Configuração complexa da aplicação

Perspetiva da gestão

- Formação de utilizadores por tempo limitado.
- Necessita de atenção especial

De acordo com a teoria temática, o investigador dividiu os desafios identificados a nível tecnológico nos temas que se seguem.

Desafios a nível tecnológico

Perspetiva do conhecimento

- GAP de conhecimento/comunicação dos empregados.

Perspetiva do hardware

- Alguns computadores de mão apenas suportam versões específicas do sistema operativo.

Perspetiva da rede

- Estabilidade das ligações
- A conetividade deve ser de 100% (WIFI)

Perspetiva do software

- Actualizações de versão (SO)
- Actualizações tecnológicas (actualizações das linguagens Java/.NET)
- Estabilidade do sistema operativo Android
- Quando são introduzidas novas funcionalidades no sistema existente
- Complexidade da aplicação
- Actualizações de compilação de aplicações

Perspetiva da gestão

- Os utilizadores devem ter cuidado ao utilizá-los (a sua substituição é dispendiosa)
- Disponibilidade de recursos informáticos de alta tecnologia.

Depois de analisar todos estes desafios relacionados com a adoção da tecnologia de ponto de venda portátil, o investigador apresentou uma versão consolidada dos desafios organizacionais e tecnológicos identificados através de diferentes temas.

Potenciais desafios para a adoção de POS portáteis

Perspetiva do conhecimento

- Lacuna de comunicação entre a direção do restaurante e o departamento de TI
- Falta de sensibilização dos utilizadores
- Conhecimentos de informática

Perspetiva da qualidade

- Bugs/avarias/comportamentos inesperados
- Complexidade da recuperação de erros

Perspetiva do hardware

- Opções limitadas de hardware
- Alguns computadores de mão apenas suportam versões específicas do sistema operativo.

Perspetiva da rede

- Estabilidade das ligações
- A conetividade deve ser de 100% (disponibilidade de WIFI)

Perspetiva do software

- Configuração complexa da aplicação
- Actualizações de versão (SO)
- Actualizações tecnológicas (actualizações das linguagens Java/.NET)
- Estabilidade do sistema operativo Android
- Quando são introduzidas novas funcionalidades no sistema existente
- Complexidade da aplicação
- Actualizações de compilação de aplicações

Perspetiva da gestão

- Formação de utilizadores por tempo limitado.
- Necessita de atenção especial
- Os utilizadores devem ter cuidado ao utilizá-los (a sua substituição é dispendiosa)
- Disponibilidade de recursos informáticos de alta tecnologia.

Depois de analisar todas as recomendações relacionadas com a adoção da tecnologia de ponto de venda portátil, o investigador chegou a uma forma associada de recomendações organizacionais e tecnológicas identificadas através de diferentes temas.

Recomendações para os potenciais desafios da adoção dos POS portáteis

Perspetiva do conhecimento

- Dar formação adequada aos empregados de acordo com a sua tarefa de trabalho.
- Dar formação prévia aos empregados
- Dar formação contínua aos empregados.

Perspetiva da qualidade

- Ter garantia de qualidade para a aplicação portátil
- Solicitar testes de aceitação do utilizador e executá-los previamente

Perspetiva do hardware

- Escolher exatamente o mesmo dispositivo/produto para a necessidade

Perspetiva do software

- Melhoria contínua dos produtos através da aprendizagem e desenvolvimento (L&D)
- Selecionar a versão correta da plataforma/sistema operativo

Perspetiva da rede

- Criar previamente a infraestrutura.
- Disponibilidade de uma rede de alto nível.

Perspetiva da gestão

- Convencer a direção do investimento
- Monitorizar a formação dos trabalhadores

Depois de analisar todas essas relevâncias práticas, o investigador chegou a uma forma associada de relevâncias práticas organizacionais e tecnológicas identificadas através de diferentes temas.

Relevâncias práticas da adoção de POS portáteis

Vantagem competitiva

- A tendência dos hotéis de classe executiva é utilizar este tipo de tecnologia quando se considera os melhores hotéis de luxo do mundo.
- Utilizam tecnologia de ponta O POS portátil é uma tecnologia muito popular e imprescindível para estar à frente da concorrência.

Melhoria da qualidade

- A operação terá um aspeto mais profissional.
- Ajudar a manter os padrões de qualidade do hotel
- Ajuda a prestar serviços de nível internacional aos clientes

Rentável

- Utilizando estes dispositivos POS portáteis, os hotéis podem reduzir o tempo de transação indesejado e o custo.

Maior produtividade

- Ajudará na operação e melhorará a produtividade.
- É mais fácil trabalhar com dispositivos portáteis do que com WS estáveis.
- É bom ter um POS portátil para reduzir a carga de trabalho dos empregados de mesa.
- Menos tempo para as transacções.

Maior satisfação do cliente

- O sistema de ponto de venda portátil cria um ambiente amigável para o cliente nas instalações de um hotel/restaurante de classe estrela.
- Ajudará a melhorar a comunicação entre o cliente e o empregado de mesa / caixa.

Capítulo 5

Discussão

5.1: Introdução

O investigador explorou se a amostra de 72 inquiridos reflecte a população de hotéis de classe de estrelas do Sri Lanka, comparando-a com um estudo realizado pela Universidade de Utrecht nos Países Baixos (Plomp et al., 2011) e pelo conselho central da indústria holandesa para o comércio retalhista entre pequenos retalhistas. No que diz respeito à adoção de sistemas de pontos de venda portáteis, a amostra recolhida pelo investigador tem 45,83% de utilizadores de POS portáteis, enquanto a amostra de retalhistas tem 41% de utilizadores de POS.

Além disso, a amostra selecionada contém um pouco mais de homens (81,82%) do que os retalhistas (68%) que participaram no estudo realizado pela Universidade de Utrecht, nos Países Baixos (Plomp et al., 2011). A investigação foi efectuada para identificar as influências individuais, organizacionais e tecnológicas. Em suma, o investigador concluiu que as amostras selecionadas de 33 adoptantes de sistemas portáteis de ponto de venda são relativamente pequenas, mas possuem uma boa variedade de caraterísticas de fundo relevantes. Este aspeto é importante, uma vez que o objetivo do investigador é testar o modelo concetual e a relação entre o número de variáveis que são abordadas pelas hipóteses e analisar os principais desafios e a forma de os enfrentar para adotar sistemas portáteis de ponto de venda na indústria hoteleira. Por conseguinte, a representação "completa" da amostra é menos importante do que a adequação da amostra para permitir o teste e a análise (dedutivos) das hipóteses.

5.2: Discussão

O investigador classificou a amostra de adoptantes e não adoptantes de pontos de venda portáteis em quatro categorias, de acordo com estudos empíricos (Rogers, 1995), como se segue:

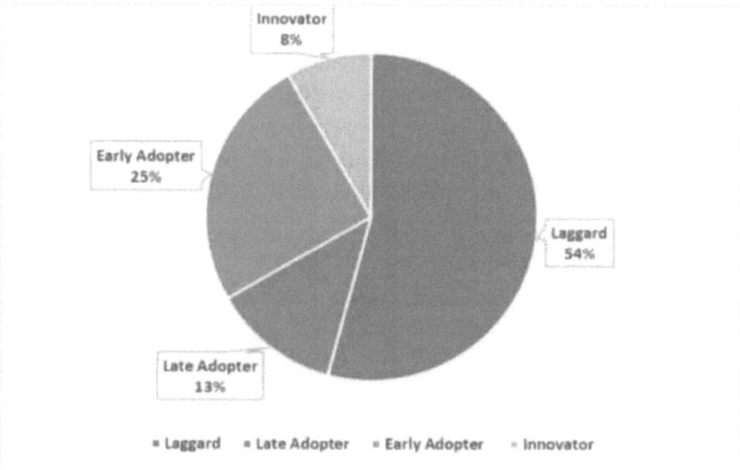

Figura 5.2 Classificação dos utilizadores de POS portáteis no sector hoteleiro do Sri Lanka

Inovadores:

São os pioneiros que se adaptaram ao seu sistema de ponto de venda portátil há quatro ou mais anos. De acordo com os dados da amostra recolhidos, 8% dos hotéis de classe de estrelas do Sri Lanka utilizavam sistemas de pontos de venda portáteis há quatro ou mais anos.

Os primeiros a adotar:

São os hotéis/restaurantes de classe de estrelas que se adaptaram ao seu sistema de ponto de venda portátil há 2-3 anos. De acordo com os dados da amostra recolhidos, 25% dos hotéis de classe de estrelas do Sri Lanka utilizavam sistemas de pontos de venda portáteis há mais de anos.

Adoptantes tardios:

São os hotéis/restaurantes de classe de estrelas que se adaptaram ao seu sistema de ponto de venda portátil há menos de 2 anos. De acordo com os dados da amostra recolhidos, 13% dos hotéis de classe de estrelas do Sri Lanka estavam a utilizar sistemas de ponto de venda portáteis há menos de 2 anos.

Atrasados:

São os restantes hotéis/restaurantes de classe de estrelas que ainda não dispõem de um sistema de ponto de venda portátil. De acordo com os dados da amostra recolhidos, 54% dos hotéis de classe de estrelas do Sri Lanka ainda não utilizam sistemas portáteis de ponto de venda.

No que se refere ao modelo concetual, o investigador testou as hipóteses sobre as potenciais variáveis que influenciam a adoção do ponto de venda portátil, através da análise estatística dos dados.

5.2.1: Comparação dos resultados do teste T / método da percentagem

Os resultados do teste T apoiam quatro hipóteses relacionadas com as caraterísticas individuais dos trabalhadores: Hl, H2, H3 e H5, o que implica que os trabalhadores mais jovens do sexo masculino que adoptaram um sistema de ponto de venda portátil têm uma boa experiência em tecnologia de POS portátil e possuem conhecimentos de informática. Os valores de p inferiores a 0,01 indicam que as diferenças encontradas são significativas e estão dentro dos intervalos de confiança de 1/99%. A outra caraterística individual (voluntariedade de utilização) não está relacionada com a probabilidade de adoção de um POS portátil.

Os resultados do teste T corroboram três hipóteses relacionadas com as caraterísticas organizacionais: H6, H8 e HlO, o que implica que os hotéis de classe de estrelas do Sri Lanka que adoptaram um sistema de ponto de venda portátil são altamente competitivos, organizações de grande dimensão e têm uma vantagem relativa elevada. Os valores de p inferiores a 0,01 indicam que as diferenças encontradas são significativas e estão dentro dos intervalos de confiança de 1/99%. As outras caraterísticas organizacionais (interligação, compromisso financeiro) não estão relacionadas com a probabilidade de adoção de um POS portátil.

Os resultados do teste T corroboram quatro hipóteses relacionadas com as caraterísticas tecnológicas: Hll, H13, H14 e H15, o que implica que os hotéis de classe de estrelas do Sri Lanka que adoptaram o sistema de ponto de venda portátil têm uma elevada disponibilidade de infra-estruturas de TI, uma elevada sensibilização para a tecnologia de POS portátil e o baixo custo da tecnologia e a baixa complexidade da tecnologia estão relacionados com a probabilidade de adoção do POS portátil. Os valores de p inferiores a 0,01 indicam que as diferenças encontradas são significativas e estão dentro dos intervalos de confiança de 1/99%. As outras caraterísticas tecnológicas (integração da tecnologia, disponibilidade de recursos técnicos, capacidade de rastreio) não estão relacionadas com a probabilidade de adoção de um POS portátil.

Os trabalhadores mais jovens, do sexo masculino, com conhecimentos informáticos de nível intermédio e com um elevado nível de voluntariado, com mais de 2 anos de experiência em sistemas de ponto de venda portátil, têm uma influência positiva na adoção de sistemas de ponto de venda portátil, tendo em conta as caraterísticas individuais, de acordo com o método de análise percentual.

De acordo com a análise percentual, os hotéis/restaurantes altamente competitivos, de grande dimensão, pouco interligados e com um baixo compromisso financeiro são susceptíveis de adotar sistemas portáteis de ponto de venda, tendo em conta as caraterísticas organizacionais.

A adoção de sistemas de pontos de venda portáteis exige uma elevada disponibilidade de infra-estruturas de TI, uma integração tecnológica pouco complexa e um elevado nível de sensibilização para a tecnologia. O custo da tecnologia e a complexidade da tecnologia são baixos para os sistemas de pontos de venda portáteis. De acordo com os dados recolhidos, a disponibilidade de recursos técnicos é baixa para os hotéis/restaurantes que adoptam os POS portáteis.

Tabela 5.2.1: Comparação dos resultados do teste T/método das percentagens

Variável de influência	Teste T	Valores de parentesco
Género (Proporção de trabalhadores do sexo masculino)	X	X
Idade (Proporção de trabalhadores mais jovens)	X	X
Experiência (mais de 2 anos)	X	X
Voluntariedade da utilização (Proporção de voluntariado elevado)	Rejeitado	**X**
Literacia informática (Proporção de empregados com literacia elevada/intermédia)	X	X
Competitividade (Proporção de classe de estrelas elevadas)	X	X
Interconexão (Proporção de altamente conectados)	Rejeitado	Suportado para ligações fracas
Dimensão (grande número de empregados)	X	X
Compromisso financeiro (Proporção de compromissos elevados)	Rejeitado	Apoiado para um compromisso reduzido
Vantagem relativa (Proporção de alta)	X	X
Disponibilidade de infra-estruturas de TI (Proporção de elevado)	X	X
Integração da tecnologia (Proporção de alto complexo)	Rejeitado	Suportado para baixo complexo
Disponibilidade de recursos técnicos (Proporção de alta disponibilidade)	Rejeitado	Suportado para baixa disponibilidade
Nível de sensibilização para a tecnologia (Proporção de elevado)	X	X
Custo da tecnologia (Proporção de baixo custo)	X	X
Complexidade da tecnologia (Proporção de baixa complexidade)	X	X
Capacidade de ensaio (Proporção de recuperação fácil de erros)	Rejeitado	Suportado para recuperação de erros difíceis

Por último, o investigador comparou os resultados do método do teste T com os resultados do método da percentagem. Ambos os métodos são compatíveis com quatro hipóteses (sexo: masculino; idade: mais jovem; experiência: > 2 anos; conhecimentos informáticos: elevados/intermédios) que, no âmbito das influências individuais, os resultados do teste rejeitaram a elevada voluntariedade da utilização, mas o método da percentagem dá um valor percentual elevado para a elevada voluntariedade da utilização. Ao considerar as influências organizacionais, ambos os métodos são compatíveis com três hipóteses (concorrência: elevada; dimensão da empresa: grande; vantagem relativa: elevada). Os resultados do teste T rejeitaram as hipóteses de elevada interligação e elevado empenhamento financeiro e o método da percentagem dá um valor percentual elevado para as variáveis pouco interligadas e com baixo empenhamento financeiro. Ambos os métodos apoiam quatro hipóteses (disponibilidade de infra-estruturas de TI: elevada; nível de sensibilização para a tecnologia: elevado; custo da tecnologia: baixo; complexidade da tecnologia: baixa). Os resultados do teste T rejeitaram três hipóteses (integração da tecnologia: elevada; disponibilidade de recursos técnicos: elevada; capacidade de rastreio: fácil) e o método da percentagem dá um valor percentual elevado para a integração de tecnologias pouco complexas, menor número de recursos técnicos e recuperação de erros difícil.

O investigador identificou desafios na adoção de POS portáteis nas perspectivas do conhecimento, da qualidade, do hardware, do software, da rede e da gestão, bem como recomendações práticas para superar esses desafios.

5.2.2: Quadro de investigação de acordo com o resultado final

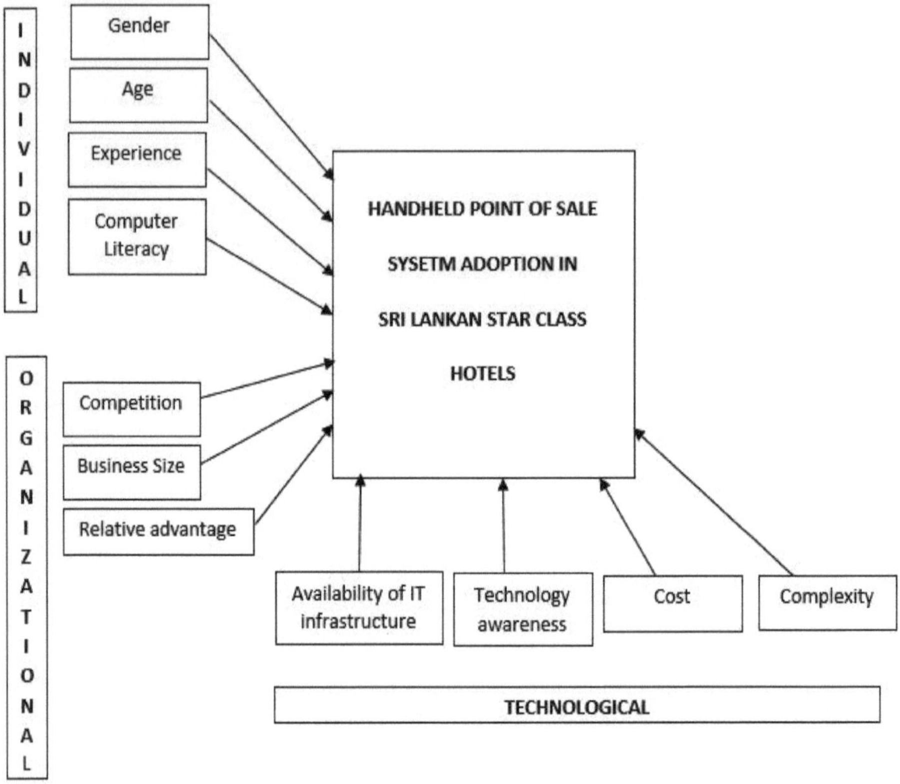

Figura 5.2.2 Influência das atitudes dos empregados, do contexto organizacional e tecnológico na utilização de terminais portáteis de ponto de venda em hotéis/restaurantes de classe estrela

Os empregados com as caraterísticas abaixo indicadas são mais susceptíveis de adotar sistemas POS portáteis nos hotéis/restaurantes de categoria superior do Sri Lanka.

- Género = masculino;
- Idade = mais jovem;
- Experiência = mais de 2 anos em tecnologia POS;
- Literacia informática = elevada/intermédia

As organizações com as caraterísticas abaixo indicadas têm mais probabilidades de adotar sistemas POS portáteis nos hotéis/restaurantes de categoria superior do Sri Lanka.

- Concorrência = elevada;
- Dimensão da empresa = grande;
- Vantagem relativa obtida com esta tecnologia = elevada

As caraterísticas tecnológicas que se seguem influenciam a adoção de sistemas POS portáteis nos hotéis/restaurantes de categoria superior do Sri Lanka.

- Disponibilidade de infra-estruturas informáticas: elevada;
- Nível de conhecimento tecnológico do gestor de TI: elevado;
- Custo da tecnologia POS portátil: baixo;
- Complexidade da tecnologia POS portátil: baixa

Capítulo 6

Conclusões

6.1: Conclusões

Nesta investigação, o investigador examinou um problema de adoção específico, nomeadamente o dos sistemas portáteis de ponto de venda na indústria hoteleira de primeira classe do Sri Lanka. Com base no estudo bibliográfico dos modelos e teorias existentes, o investigador formulou um modelo concetual e dezassete hipóteses. A investigação foi realizada em hotéis de luxo do Sri Lanka, na província ocidental, tendo como alvo os utilizadores de POS portáteis.

Neste modelo, o investigador distingue várias influências (variáveis) pessoais, organizacionais e tecnológicas relacionadas com a unidade de tomada de decisão da gestão. A idade, o sexo, a experiência em tecnologia e a literacia informática dos empregados revelaram-se significativamente relacionados com a adoção de POS portáteis nos hotéis/restaurantes de categoria superior do Sri Lanka. A competitividade, a dimensão e a vantagem relativa revelaram-se significativamente relacionadas com a adoção de POS portáteis nos hotéis/restaurantes de categoria superior do Sri Lanka. A disponibilidade de infra-estruturas de TI, a sensibilização para a tecnologia, o custo da tecnologia e a complexidade revelaram-se significativamente relacionados com a adoção de POS portáteis nos hotéis/restaurantes de categoria superior do Sri Lanka. Com estes resultados, o modelo teórico parece ser parcialmente exato na prática.

O investigador obteve a aprovação da gerência do hotel de classe estrela do Sri Lanka para o quadro/variáveis da investigação, confirmando que estes funcionam como factores de sucesso da adoção de POS portáteis no seu local de trabalho.

Além disso, o investigador obteve as conclusões abaixo indicadas através de entrevistas com a direção do hotel/gestão de TI e da análise dos dados recolhidos.

A maior parte dos hotéis de luxo do Sri Lanka que se adaptaram à tecnologia POS portátil são classificados como "early adopters" (Rogers, 1995).

O custo de implementação do sistema portátil é inferior ao dos sistemas POS estáveis.

O custo médio da implementação de um dispositivo portátil com formação dos trabalhadores é de 2 a 5 faltas.

A maior parte dos hotéis de luxo do Sri Lanka está a utilizar versões comerciais de aplicações POS devido a questões de segurança e fiabilidade, uma vez que prometeram serviços específicos aos clientes e precisam de manter padrões internacionais.

O nível de sensibilização dos gestores de restaurantes para a aplicação POS portátil é inferior ao dos informáticos (ver Apêndice 2).

Os sistemas operativos Windows, Android e IOS estão atualmente a ser utilizados nos hotéis de categoria superior do Sri Lanka e o Android é o sistema operativo mais utilizado para os sistemas de pontos de venda portáteis (ver Anexo 3).

Os sistemas de POS portáteis estão a ser utilizados para encomendar menus/acompanhamento de pagamentos e operações de check-in/check-out nos hotéis de luxo do Sri Lanka. Na prática, os empregados que trabalham nos POS portáteis adoptados pelos hotéis/restaurantes de categoria superior do Sri Lanka utilizam sobretudo dispositivos portáteis para encomendar menus e acompanhar os pagamentos (ver anexo 4).

6.2: Recomendações

Uma limitação óbvia desta investigação é o facto de o modelo ser aplicado a uma província, a um país e apenas a um número limitado de casos. Obviamente, também seria útil testar as hipóteses numa amostra maior para ver se os resultados são representativos do sector da hotelaria como um todo. Além disso, seria útil realizar investigações sobre a satisfação dos clientes com os sistemas POS portáteis no sector da hotelaria.

Os desafios organizacionais e tecnológicos que foram identificados para os hotéis de luxo podem ser alterados com base nas variações tecnológicas futuras e para outros sectores. Seria útil efetuar investigações futuras sobre estes aspectos.

Bibliografia

Ajzen, I. (1985) From intentions to actions: A theory of planned behavior. Em J. Kuhl e J. Beckmann (Eds.), Action control: From Cognition to Behavior (11-39), Springer, Heidelberg.

Alpar, P., & Reeves, S. (1990.)Predictors of MS/OR application in small businesses Interfaces, 20(2), 2-11

Atteell, P. Technology diffusion and organizational learning: the case of business computing. Ciência da Organização, 3, 1(1992) 1-19.

Davis, F. D. (1986) A technology acceptance model for empirically testing new enduser information systems: Teoria e resultados. Tese de doutoramento. Sloan School of Management, Massachusetts Institute of Technology.

Dewar, R.D, 1986. An Empirical Analysis. The Adoption of Radical and Incremental Innovations: an empirical analysis, [Online]. 32/11, 1422 - 1433. Disponível em: http://pubsonline.informs.org/doi/pdf/10.1287/mnsc.32.11.1422 [Acedido em 02 de janeiro de 2015].

Driscoll. D.L (2007) 'Merging Qualitative and Quantitative Data in Mixed Methods Research: How To and Why Not', DigitalCommons@University of Nebraska - Lincoln, 1(1), pp. 1-8.

Fatemeh Rabiee (2004) "Focus-group interview and data analysis", Proceedings of the Nutrition Society, (655), pp. 1-6.

Tecnologia da Hospitalidade. 2014. 2014. Tendências do software de PDV em 2014. [Online] Disponível em: http://hospitalitytechnology.edgl.com/news/2014-POS-Software-Trends8.

[Acedido em 22 de dezembro de 14].

Lund M (2013) One-Sample T-Test using SPSS Statistics, Disponível em: https://statistics.laerd.com/spss-tutorials/one-sample-t-test-using-spss-statistics.php (Acedido em: 25 de setembro de 2015).

Martins, M. e Oliveira, T. (2009) "Determinants of e-commerce adoption by small firms in portugal", Proceedings of the 3rd european conference on information managementand evaluation. Gotemburgo, Suécia, setembro, pp 328-338

Oliveira, T. e Martins, M.F. (2010a) Padrões de adoção do e-business pelas empresas: Evidence for the european union-27, "The Electronic Journal Information Systems Evaluation Volume", Vol. 13, No. 1, pp 47-56.

Oliveira, Tiago, 2011. Revisão da Literatura sobre Modelos de Adoção de Tecnologias de Informação ao Nível da Empresa. Revista Eletrónica de Avaliação de Sistemas de Informação, Vol 14, No 1, 2011, 110-121.

Olugb Osotimehin, Olugbade Adeoti Kehinde, 2012. Adoção de terminais de ponto de venda na Nigéria: Avaliação do nível de satisfação dos consumidores. Revista de Investigação em Finanças e Contabilidade, Vol 3, No 1, 2012, 1-6.

Plomp et al., G.A, (2011). Determinantes da adoção de sistemas de ponto de venda: A Survey among Small Retailers in The Netherlands. Na Décima Sétima Conferência das Américas sobre Sistemas de Informação. Detroit, Michigan, 4 a 7 de agosto de 2011. Países Baixos: Universidade de Utrecht. 1-9.

Rogers, E. M. (2003) Diffusion of innovations (Fifth ed.), Free Press, Nova Iorque.

Starbuck, W.H. (1976) Organizations and their environments, Chicago, Rand McNally.

Thong, J. Y. L. e Yap, C. S (1995) CEO characteristics, organizational characteristics and information technology adoption in small businesses, Omega, 23, 4, 429-442.

Tornatzky, L. e Fleischer, M. (1990) The process of technology innovation, Lexington, MA, Lexington Books.

Van Akkeren, J. K. e Cavaye, A. L. M. (1999) Confusion with diffusion? Unravelling IS diffusion and innovation literature with a focus on SMEs, Australasian Journal of Information Systems, 7, 1, 60-67.

VangieBeal (2015) Point of Sale, Disponível em: http://www.webopedia.eom/TERM/P/point_of_sale.html (Acedido em: 5 de janeiro de 2015).

Venkatesh, V., Morris, M. G., Davis, G. B. e Davis, F. D. (2003) User acceptance of information technology: Toward a unified view, MIS Quarterly, 27, 3, 425-478.

wikispaces.com, 2014. One Sample T-Test. [Em linha] Disponível em: http://cep932.wikispaces.com/One+Sample+T-Test [Acedido em 03 setembro 2015].

William M.K.. 2006. Níveis de Medição. [ONLINE] Disponível em: http://www.socialresearchmethods.net/kb/measlevl.php. [Acedido em 09 novembro 15].

socscistatistics, 2013. Distribuição de T. [Em linha] Disponível em: http://www.socscistatistics.com/pvalues/tdistribution.aspx[Acedido em 15 de setembro de 2015].

Apêndices

Apêndice 1:

DOI -Diffusion of Innovations
IS - Information System
IT - Information Technology
PLU - Price look-up
POS - Point of Sale
TOE - Technology Organization Environment
UTAUT - Unified Theory of Acceptance and Use of Technology
US - United States

Apêndice 2: O nível de sensibilização dos gestores de restaurantes para a aplicação POS portátil é inferior ao dos informáticos

Quadro 6.1 Nível de sensibilização dos gestores de TI para a aplicação POS portátil

Nível de sensibilização para a tecnologia (escala de Likert)	Contagem	%	Média
Elevado (6-7)	8	72.73	0.73
Médio (4-5)	3	27.27	0.27
Baixo(1-3)	0	0	0
Total	**11**	**100**	

Quadro 6.2 Nível de sensibilização dos gestores de restaurantes para a aplicação POS portátil

Nível de sensibilização para a tecnologia (escala de Likert)	Contagem	%	Média
Elevado (6-7)	3	27.27	0.27
Médio (4-5)	6	54.55	0.55
Baixo(1-3)	2	18.18	0.18
Total	**11**	**100**	

Apêndice 3: Os sistemas operativos Windows, Android e IOS são atualmente utilizados nos hotéis de luxo do Sri Lanka e o Android é o sistema operativo mais utilizado nos sistemas portáteis de pontos de venda

Tabela 6.3 Sistemas operativos atualmente utilizados nos hotéis de categoria superior do Sri Lanka

Sistema operativo dos POS portáteis	Contagem	%	Média
Android	7	43.75	0.44
Janelas	3	18.75	0.19
IOS	6	37.50	0.38
Total	**16**	**100**	

Apêndice 4: Operações hoteleiras que estão a utilizar sistemas POS portáteis

Quadro 6.4 Operações hoteleiras que estão a utilizar sistemas POS portáteis

Operações utilizadas	Contagem	%	Média
Encomenda de menus	10	50.00	0.50
Operações de check-in/check-out	2	10.00	0.10
Acompanhamento do pagamento	6	30.00	0.30
Operações de cozinha	2	10.00	0.10
Total	**20**	**50**	

MIX
Papier aus verantwortungsvollen Quellen
Paper from responsible sources
FSC® C105338

Printed by Books on Demand GmbH, Norderstedt / Germany